眞德大師
永靖大師 合著

萬教符咒開運秘笈

育林出版社印行

序

「萬教符咒開運秘笈」是集閭山派及許真君、三乃夫人、洪公法主、茅山派、鳳陽派、楊公等。歷代祖師不傳之秘，全部公開，特將作法、儀式、咒語、符訣、符膽、步罡、指訣、作詳細說明，讓初學者及道壇人士應用。

自古以來所有的道法，全部存在，但現在的人都將此儀式精簡改換，使得此效力退化甚至無效。

為使各界使用者，如神壇、宮廟、法師、道士能有其力量，以便濟世救人，及珍藏。

永靖大師民戊寅年於中和龍德壇

目錄

序……1
九龍三公（張聖者）……1
妙法神出（許真人）……2
法主公張慈觀……4
保胎安產的臨水夫人……6
臨水夫人陳靖姑……8
閭山淨明法派源流……10
符咒的寫法……12
(一)勅水咒……13
(二)研墨咒……13
(三)勅筆咒……13
(四)落筆咒……14
(五)發兵呼符咒……14
(六)勅符咒……14
(七)符勅好後再行增靈和祈靈……15
(1)踏符頭……16
(2)斬邪押煞符牓……16
(3)治病症用符牓……16

(八)步斗法要……17
①步七星斗法……17
②步三台斗法……17
③步五星罡斗法……18
請神法指……19
三山指……20
道指……21
玄天指……22
金剛指……23
劍指……24
五雷指……25
陰陽八卦指……26
火尖槍哪吒指……27
天師指……28
茅山求職顯達順利大法……29
順利咒……30
誅煞神符……31
安神符……32
真傳九天玄女樟柳耳報秘法……33
樟柳符(一)……34
樟柳符(二)……35
樟柳符(三)……36

樟柳符(四)……37
樟柳符(五)……38
樟柳符(六)……39
樟柳符(七)……40
畫符咒……41
取木咒……41
追魂咒……42
催魄咒……42
五營之區分認識……44
調營犒賞科儀全套……46
請神咒……47
發五營咒……49
格界咒(一)……50
格界咒(二)……51
東營張公聖者咒……52
南營蕭公聖者咒……53
西營劉公聖者咒……54
北營速公聖者咒……55
中營哪吒太子咒……56
召營咒文……57
調五營總咒……58
安內五營符……59

南營符……60
西營符……61
北營符……62
中營符……63
東方符（東營）……64
安五營符（南營用）……65
西營符……66
北營符……67
中營符……68
五營令旗符(一)……69
五營令旗符(二)……70
五營令旗符(三)……71
五營令旗符(四)……72
中營符……73
安五營天兵符……74
東營押煞符……75
南營押煞符……76
西營押煞符……77
北營押煞符……78
中營押煞符……79
東營領兵符……80
南營符……81

西營符……82
北營符……83
中營符……84
五營元帥神符東營符……85
南營符……86
西營符……87
北營符……88
中壇元帥符……89
收邪煞符……90
安營大淨符……91
退神符……92
鎮宮符……93
鏡符……94
五營旗兵將符……95
五營個營有面……96
五營斗排法……97
搞賞法壇全圖……98
啟請……100
元始安鎮天尊……103
格界……117
發兵……117
化紙錢……118

閭山和合催心秘法……119
和合符……120
追人符……121
進人符……122
和合符(一)……123
和合符(二)……124
和合符(三)……125
和合符(四)……126
吊回符(一)……127
吊回符(二)……128
和合符(一)……129
和合符(二)……130
和合符(三)……131
日月和合符(四)……132
和合符(五)……133
和合符(六)……134
和合符(七)……135
和合符(八)……136
和合符(九)……137
和合符(十)……138
和合符(十一)……139
勸善和合符(十二)……140

和合符(十三)……141
和合符(十四)……142
和合符(十五)……143
和合符(十六)……144
和合符(十七)……145
天羅地網符……146
五雷斬邪符……147
北斗延壽驅邪符……148
斬亡魂符……149
蔴煞符……150
應用咒語盤古咒……151
五雷神咒……152
勅鹽米……153
打鹽米咒……154
起煞咒……155
哪吒咒……156
洪山斷鬼符……157
洪山除邪符……158
行吉符……159
化兵家符……160
八卦除魔大法除魔符(一)……161
八卦除魔大法除魔符(二)……162

八卦除魔大法除魔符(三)……163
八卦除魔大法除魔符(四)……164
八卦除魔大法除魔符(五)……165
八卦除魔大法除魔符(六)……166
八卦除魔大法除魔符(七)……167
八卦除魔大法除魔符(八)……168
普菴押煞符式……169
破邪符……170
驅蟲滅蟻符……171
收百煞符……172
押煞符……173
收捉不正神符……174
灶君咒……175
安灶君符……176
太乙平安符……177
五雷咒……178
五雷乾坤大法(一)……179
五雷乾坤大法(二)……180
五雷斬鬼符……181
制天兵符……182
老祖斬邪符……183
藏魂符……184

聖母除邪符……185
六甲保身符……186
玄女符……187
寒熱符……188
五雷斬煞符……189
七星保命符……190
退病符……191
犯邪治狂言亂語符……192
治怪風陰症……193
治陰症……194
治瘟疫符……195
九鳳符……196
驅惡犬咒……197
著妖邪安宅符……198
伏魔符……199
三光押煞符……200
鎮夢不祥符……201
破穢押煞符……202
收陰怪符(一)……203
收陰怪符(二)……204
鎮宅大符……205
護身咒……206

鎮煞符……207
催胎符……208
通神符(一)……209
通神符(二)……210
天羅地網符(一)……211
天羅地網符(二)……212
治百病符(一)……213
治百病符(二)……214
說服人心符……215
心服符……216
治頭痛符……217
退病符……218
閭山斷酒符(一)……219
閭山斷酒符(二)……220
閭山斷酒符(三)……221
閭山斷酒符(四)……222
閭山斷酒符(五)……223
斷酒咒(一)……224
斷酒咒(二)……225
勅符咒……226
戒賭符(一)……227
戒賭符(二)……228

戒賭符(三)……229
戒賭符(四)……230
戒賭符(五)……231
戒賭符(六)……232
斷賭咒(一)……233
斷賭咒(二)……234
勅符咒……235
五雷符……236
符尺符……237
泰省閭山淨明大法院……238
祭照妖鏡法科真傳……238
請神咒……239
淨心神咒……240
淨口神咒……241
淨身神咒……242
安土地神咒……243
淨天地神咒……244
請金火咒……245
請太乙君咒……246
閭山法主公咒……247
本壇猛將咒……248
安神咒……249

祭照妖鏡符……250
祭照妖鏡符咒……251
九牛破土符……252
法師門法符……253
閭山求財神符……254
求財神符……255
四季平安符(一)……256
四季平安符(二)……257
招財符(一)……258
招財符(二)……259
招財開運補庫符(一)……260
招財開運補庫符(二)……261
招財開運補庫符(三)……262
招財開運補庫符(四)……263
招財開運補庫符(五)……264
招財開運補庫符(六)……265
招財開運補庫符(七)……266
招財開運補庫符(八)……267
招財開運補庫符(九)……268
招財開運補庫符(十)……269
茅山開運招財大法(一)……270
茅山開運招財大法(二)……271

茅山開運招財大法(三)……272
茅山開運招財大法(四)……273
茅山開運招財大法(五)……274
茅山開運招財大法(六)……275
招財符……276
旺壇符……277
開市招財符……278
發財庫按財庫法……279
正財咒……280
偏財咒……281
避小人符(一)……283
避小人符(二)……284
楊公地理符(一)……285
楊公地理符(二)……286
安地龍符……287
收場土煞符……288
鎮風水符(一)……289
九天玄女神咒……290
鎮風水符(二)……291
鎮風水用符(三)……292
天吊符(一)……293
天吊符(二)……294

閭山五猖符……295
斬煞符……296
鐵筆止痛符……297
治病符……298
治頭痛符……299
治病符……300
開竅符(一)……301
開竅符(二)……302
開竅符(三)……303
開竅符(四)……304
天台孫元帥收惡煞符……305
雪山收凶神符……306
八房押煞符……307
治牙齒符……308
討債符(一)……309
討債符(二)……310
制火耗……311
制流財符……312
制流財咒符……313
收惡鬼符……314
九天玄女治病符……315
聽話符……316

清淨符㈠……317
清淨符㈡……318
清淨符㈢……319
清淨咒……320
開光鏡符……321
入神符……322
安神符㈠……323
安神符㈡……324
玉皇鎮宅符……325
齊天大聖護身保命符……326
五雷咒㈠……327
五雷咒㈡……328
和合符通用咒……329
和合咒㈠……330
和合咒㈡……331
迷魂和合咒……332
收吾毒邪師符……333
將軍破煞符……334
查事符㈠……335
查事符㈡……336
退病符……337
斬飛蛇符……338

坤封符……339
乾卦符……340
震卦符……341
巽卦符……342
兑卦符……343
艮卦符……344
離卦符……345
坎卦符……346
除災避惡符(一)……347
除災避惡符(二)……348
除災避惡符(三)……349
除災避惡符(四)……350
除災避惡符(五)……351
驅邪符……352
制厝内陰煞……353
小兒犯走馬天罡……354
八卦咒……355
勅八卦錢法……356
安廟門符(一)……357
安廟門符(二)……358
天師追邪符……359
收十二元神符……360

孕婦送喪符……………………361
鬼煞符……………………362
玉帝避邪符……………………363
普降魔符……………………364
制雞飛關符……………………365
押送外方安門符……………………366
制六害符……………………367
制喪車符……………………368
定心符……………………369
護身鎮宅用符……………………370
泰省閭山淨明大法院……………………371
八卦移運轉命法訣真傳……………………371
乾卦符……………………373
坤卦符……………………374
艮卦符……………………375
震卦符……………………376
巽卦符……………………377
兑卦符……………………378
離卦符……………………379
坎卦符……………………380
八卦移運轉命咒……………………381

新增 自己開運不求人

撲滿招財守庫法……383
求財聚寶盆法……386
財源廣進法……388
求功名法……389
賜圓滿法……390
服裝搭配也能活絡氣場法……391
五鬼運財法……392
清木招財法……393
撒鹽招財法……394
熟地招財法……395
納得土地公財法……396
賜神字秘法……399

九龍三公（張聖者）

法主公，多奉「九龍三公」，九龍是指福建、永春州的九龍湖，三公為「張蕭、章」三道人。

法主公派，起源於「福建永春州」後來傳至泉洲，表面上，托真君為法主，實為奉張聖者（又九龍三公，三聖爺），目前的情形而言，在鄉村也是一股不可忽視的力量。

◉妙法神出『許眞人』

俗稱許真人的感天大帝於東晉寧康年間得道昇天之後，時常顯化濟世，為民除害。大唐年間，收福建古田陳靖姑為徒，傳授召雷驅電、呼風喚雨、安胎保產、移山倒海、斬妖捉鬼之術，成為閭山派開山始祖。宋徽宗時有功於國，敕封為「神功妙濟真君」。

許真人一生神蹟無數，最膾炙人口的首推「醫虎喉」，因此民間尊奉為醫藥之神。另一則神奇事蹟是御龍行舟；東晉時許真人與吳猛由廬江渡口乘船至鍾陵，船天因人手不足不願出行，真人表示有船即可，其餘諸事無庸掛心，並囑船夫隱入船艙中，千萬不可向外窺視。不久，船隻凌空而行，頃刻間到達廬山西北方的紫霄峰頂；船夫在艙內耳聽樹枝拂刮聲，心中驚懼不已，忍不住探頭窺望，只見船身左右各有一龍駕行，不禁目瞪口呆；二龍一見生人，迅速飛天而去，留下船隻在無人山頂上動彈不得。許真人責備船夫不聽忠告，如今驚擾二龍，只好留下船夫在此山峰以為懲戒，並授之靈草辨識方法與神仙術，引薦修道成仙之路。

◉法主公張慈觀

法主公又稱都天聖君、張公法主，是起源於福建一帶的民間信仰。在道教流派中有法主公派，專主治邪鎮煞。

法主公本名張慈觀，福建福州府閩清縣明覺太平山人，曾隱居於蕉溪山石鼓窟。宋朝紹興年間，張慈觀發現對面石牛山中夜火晶瑩，心知有異，於是偕同蕭、洪二位道友前往除妖。原來石牛山中有隻三叉尾千年蛇妖，已能幻化人形，出沒傷人。當張慈觀三人前往石牛山途中，剛好遇見迎親隊伍，張慈觀一眼看出新娘與轎夫都是蛇精所幻化，於是伸出手掌，讓迎親衆人透過指縫觀看蛇精原形，並暗中叫他們各自逃生。張慈觀三人一路尾隨蛇精來到石牛山的石壺洞中，雙方一場惡戰，終於收伏蛇精，三人見此洞廣聚山川靈氣，就一起入洞修行。元朝成宗時，蕉溪山一帶又有蛇妖作祟，鄉人默祈法主公護佑，不久，天降暴雷擊斃蛇妖，鄉人感恩就在該地建廟奉祀。從此法主公就成為破邪降煞的守護神。玉帝勅封「九天監雷玉封都天聖君張公法主」。

◉保胎安產的「臨水夫人」

臨水夫人陳靖姑是福州下渡人，父陳昌，母葛氏。據說夫妻二人於鼓山喝水岩觀音前求子，而於唐大曆二年（西元七六七年）正月十五日產下一女嬰，取名靖姑。

靖姑自幼聰敏，三歲就能念誦觀音經咒，七歲入學堂，至十五歲時已能熟讀四書萬卷。同年往閭山學法，拜許真人為師，盡得呼風喚雨、縮地騰空、斬妖除魔、退病袪瘟等法術；三年後學成下山，由於未學扶胎救產之術，許真人特囑她廿四歲時不可動法器。靖姑返家之後，即以所學為民除害驅妖，盛名不脛而走。靖姑後與古田劉杞完婚，並隨夫婿至羅源上任，甚得閩王賞識。

靖姑廿四歲時，福州大旱，閭王令靖姑堂兄陳守元求雨，半月不應，欲斬；時靖姑已懷胎三月，為救兄長只得違背師訓，脫胎陳府，駕雲白龍江上，念真言，焚血書，終於天降甘霖，萬物復甦。時有白蛇精潛至陳府盜胎而食，並飛入古田臨水洞，靖姑駕雲追趕，施法降蛇，但因未學救產之術，坐蛇頭而化。臨終誓願「死後為神，救人產難」。

◉臨水夫人陳靖姑

臨水夫人原是福建婦女們信奉的助產女神，台灣的信仰也很普遍。陳靖姑生於唐朝大曆二年，為古田縣臨水鄉人氏，父親陳昌，母親葛氏。相傳靖姑出生時有五龍吐水為其洗身，民間一說陳靖姑係觀音血所化生。

陳靖姑長大後婚配劉杞，懷孕數月時，為地方祈雨，失胎而亡，時年二十四歲，死時誓言要救護婦女產難，因此民間尊為助產之神。關於陳靖姑的聖蹟有不少記載，如唐王皇后難產時，有陳夫人顯聖助產，唐王封為「都天鎮國顯應崇福順慈大奶夫人」，並建廟於古田。宋時建寧一地，有一位陳清叟，其兒媳婦懷胎十七個月而不能順產，後得一婦人相救，該婦人取一繡帕，讓陳清叟題上「陳清叟贈救產陳氏」數字。數年後，陳清叟官任福州知府，來到陳靖姑廟時，發現神像上方懸有當年親題之繡帕，於是表奏朝廷，加贈為「崇福昭惠慈濟夫人」，賜匾「順懿」。此後每有婦女臨盆，必在家中供奉臨水夫人像，直到三日洗兒後才謝神焚化。

閭山淨明法派源流

相傳本門祖師——黃堂諶姆，自言諶姓，其字曰嬰。嘗居金陵丹陽郡之黃堂，潛修至道。據清微仙譜云：「上清元君西華聖母，一號靈寶淨明黃素天尊，乃女真諶姆也，姆諱嬰居於黃堂，潛修至道，感斗中玉符之隱，上居西華諒光宮掌元始圖書之府，稱諶姆元君，後曾以淨明五雷諸法，傳授於閭山許旌陽真君，垂世濟人。後來許旌陽真君，歷遊各地，蕩妖驅邪，為民除患。臨水夫人陳氏閨諱靖姑，年十三蒙許遜真君（許旌陽真君）錄入門下授以道法，三年學成歸里，奉親命適古田縣劉杞公為妻，時有邪魔作怪、肆虐害民，夫人本好生濟世之心，常以閭山正法，攝伏魔精，救人厄難，閩垣大旱，民不聊生，夫人順應輿情，以懷孕之身，奮然脱胎，臨壇施法祈雨，果降甘霖，旱象頓消，民正欣幸！詎夫人忽遭仇妖乘隙暗害，屍解歸天，年方二十四歲。時人以其肉身，於古田立廟祀之。

夫人羽化之後，英靈復赴閭山，求師補授救產保胎之術誓願以救產扶嬰，治病驅邪，濟度世人。後與林九娘，李三娘，合稱三奶夫人，後世奉為治病、驅邪、護產、保童、消災、度厄以濟世。

符咒的寫法

一般符咒的寫法是以毛筆寫於黃古紙上，而用紙又有青、紅、黃、白、黑金錢符紙等，視用途及符別而異，一般以黃色為主。另有高級符術，以特殊材料寫符，如花、葉、石……等其不同的寫法，視不同的用途地點的需要與符之定性，和法師適當之取捨，亦有如治病符少數可直接寫於病人身體上或以指印（指法）憑空寫符，有些則因應施術之需要，以香寫無形符。

一般而言，治病符和鎮宅避邪符，應該以硃砂寫符。

寫法方面：一般黃、白色符紙，多以紅黑色寫符，而黑紙白書，白紙黑字等，亦有視特殊用途，而以不同上述方式寫符如黑紙黑字，白紙白字。

至於葉仔路之符法，則不以筆畫，乃以指路勅寫或勅咒即可，但少數葉仔路必先煉法才可施法。

㈠**勅水咒**：此水非凡水，乃是北方壬癸水，一點在硯中雲雨須臾至，病者吞之百鬼消除，邪鬼吞之如粉碎急急如三奇帝君律令。

㈡**研墨咒**：玉皇上帝勅令，神墨靈靈磨滅妖精、邪鬼亡形，神墨輕磨霹靂糾紛、保命安寧，急急如律令。

㈢**勅筆咒**：勅筆靈靈頭戴三清，正是隨身之本，筆是捉鬼，天圓地方，律令九章，吾今下法重，千斤，點鬼滅亡，吾奉祖師勅令，急急如律令。

㈣落筆咒：奉祖師勅令，天圓地方，律令九章，吾令下筆，萬鬼伏藏，急急如律令。

㈤發兵呼符咒：吾造符令，隨吾勅令，吾呼軍兵隨吾，一道符帶起三名兵是吾兵，聽吾令，是吾軍兵，赴吾符令，急急如律令。

正確寫符必用咒

子時書符雖靈驗，但書符不一定都要在子時

㈥勅符咒：*1.*吾奉九天玄女娘娘，北斗星君，太上仙師諸天神聖，賜吾金剛鐵筆指，點天天清，點地地靈，點神神顯赫（聖），點人人長生，點符符靈驗，急急如律令。

2.天開金剛四六將，請在符內值功曹，凡秘壓煞化成神，六兵六將祖師膽，為神開筆點指祖師兵，天開地靈照旨在符令，勅，勅，勅。

3.奉請祖師來勅令，七祖仙師來勅令，九祖仙師來勅令，本壇衆神來勅令，勅起靈符道道帶兵，道道帶將，神兵火急如律令。

㈦符勅好後再行增靈和祈靈。

符令（正統）的構成分析

縱觀請神、勅咒，寫符，踏（叉）符腳，入符膽和勅符等即為符令的構成，而符的組合構成細節分析如下：

(1)踏符頭（意指祖師或神明所至之令）

(2)斬邪押煞符膽

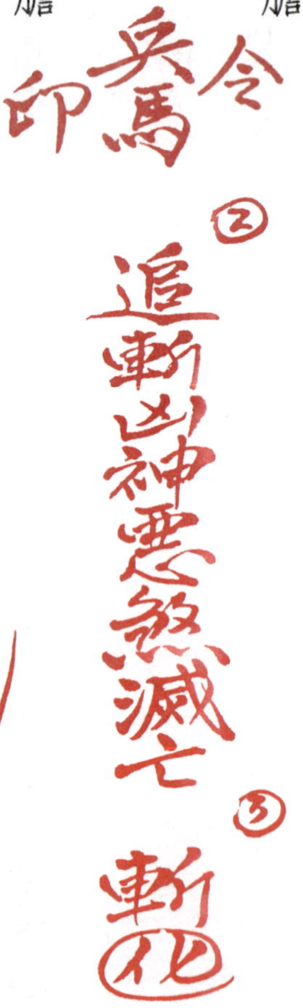

(3)治病症用符膽

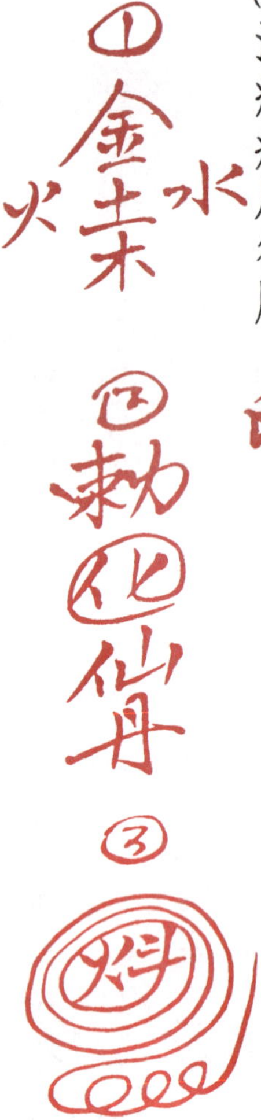

㈧步斗法要

①步七星斗法

步訣：交剪腳而行

斬邪破煞滅妖精等用之

②步三台斗法

護身保命安魂定魄藏魂等用之

③步五星罡斗法

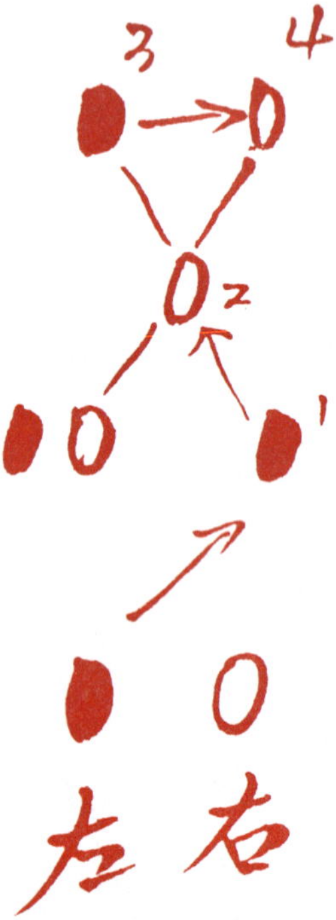

護身補運避邪吊兵等用之

男用「春秋」之步女用「冬夏」之步，又生殺制御以用「春秋」，收藏積聚以用「冬夏」。

請神法指，又稱觀音指

請神稟告加持咒語勅符等用之

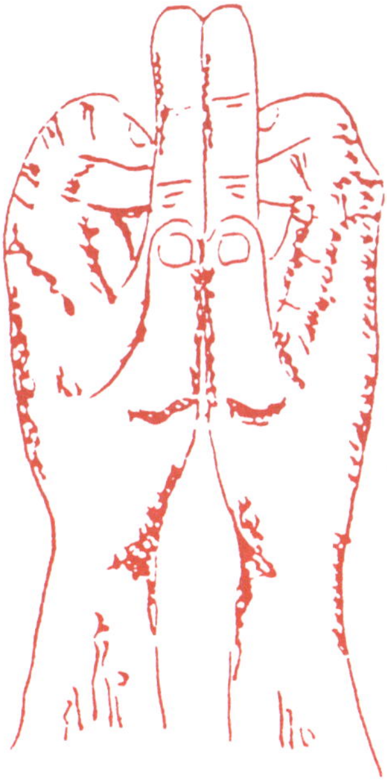

指訣：雙手合併兩無名指互勾中指兩食指勾壓無名指兩小指大指合併伸直

咒：自選運用之

三山指：又稱三清指

持器物用之

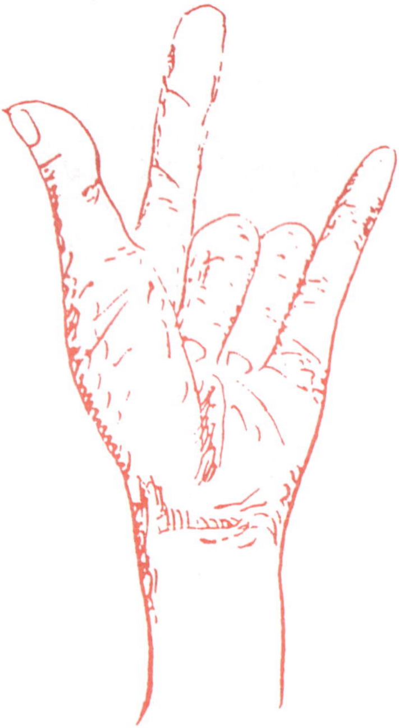

指訣：左手中無名二指曲向掌心餘三指伸直

咒：施術時配合使用無咒語

道指：又稱斗訣（道教代表指印）

施禮持咒作法時配合其他指法用

指訣：六拇指壓中無名指食小指伸直配合指法無咒語

玄天指：又稱紫微指嶽印指

伏邪護身帶發兵將等用之

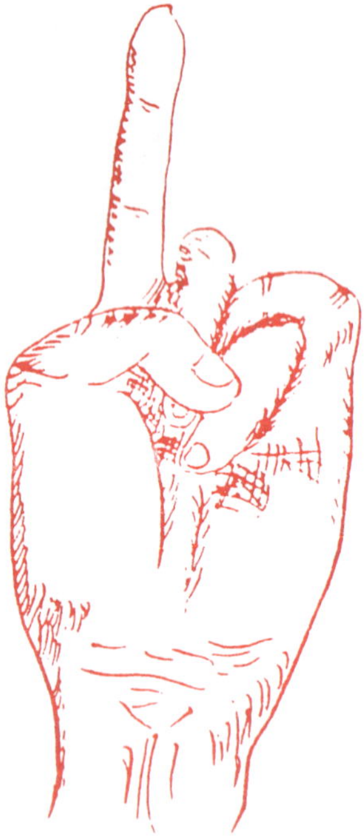

指訣：小指背勾無名指中指壓小指大指壓中無名指，食指伸直

咒：咒語配合作法使用

金剛指：又稱王天君指或通天指

勅符驅邪鬼護身咒法水等用之

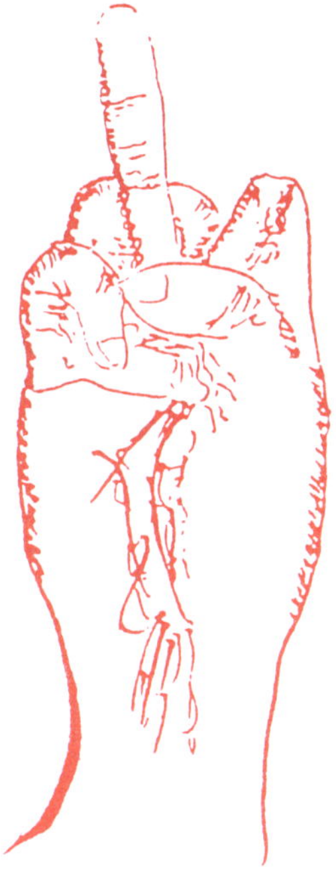

指訣：無名指背過中指食指壓無名指大指壓小指中指伸直

咒：唵吽吽，唫叱叱唫，噎唏唫叱，唫叱唏唫叱，唫叱唫叱，噎唏唫叱，嚤呢唫叱噎唏唫叱，唫叱唫叱，嘙攝

劍指：又稱刀指或劍訣七星指

敕符斬妖魔鬼怪護身

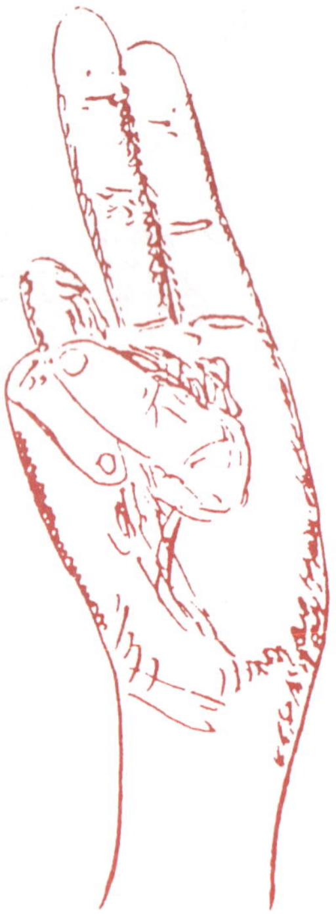

指訣：大指按住無名指與小指食中二指伸直

咒：拜請祖師敕仙劍、本師敕仙劍、仙人敕仙劍、七祖先師敕仙劍敕起仙劍，指天天清，指地地靈，指人人長生，指鬼鬼滅亡，指凶神惡煞盡滅亡，神兵火急如律令

五雷指：又稱都六法主(五雷)指

勅符驅邪鬼護身

指訣：大拇指扣住四指曲於手心

咒：五雷咒

此為陽雷反之為陰雷尚有電母指可配合之

陰陽八卦指：或稱八卦指、太極指

勅符打邪鬼護身佈（破）陣等用之

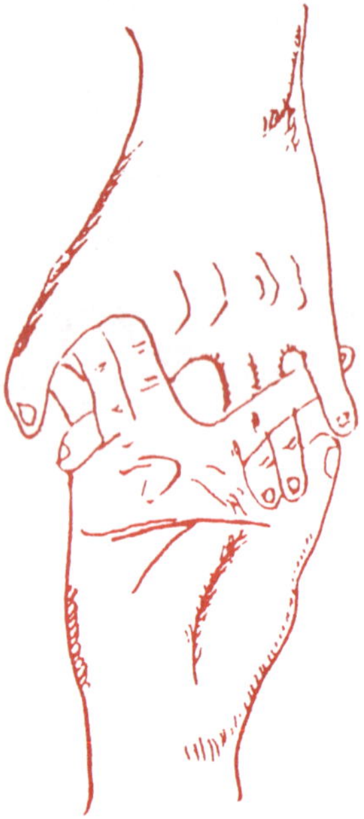

指訣：左掌向下，右掌向上，右食指勾左小指，右大拇指勾左中無名指，右食指穿於無名指與小指間左大指勾壓右中無名指

咒：八卦咒

火尖槍哪吒指：又稱火尖槍太子指（元帥指）

操練兵為殺鬼斬妖帶旨發令用之

天師指

驅邪斬鬼發號施令等用之

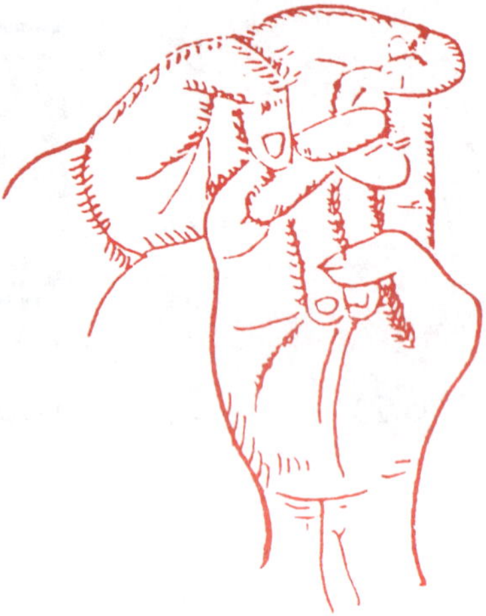

茅山求職顯達順利大法

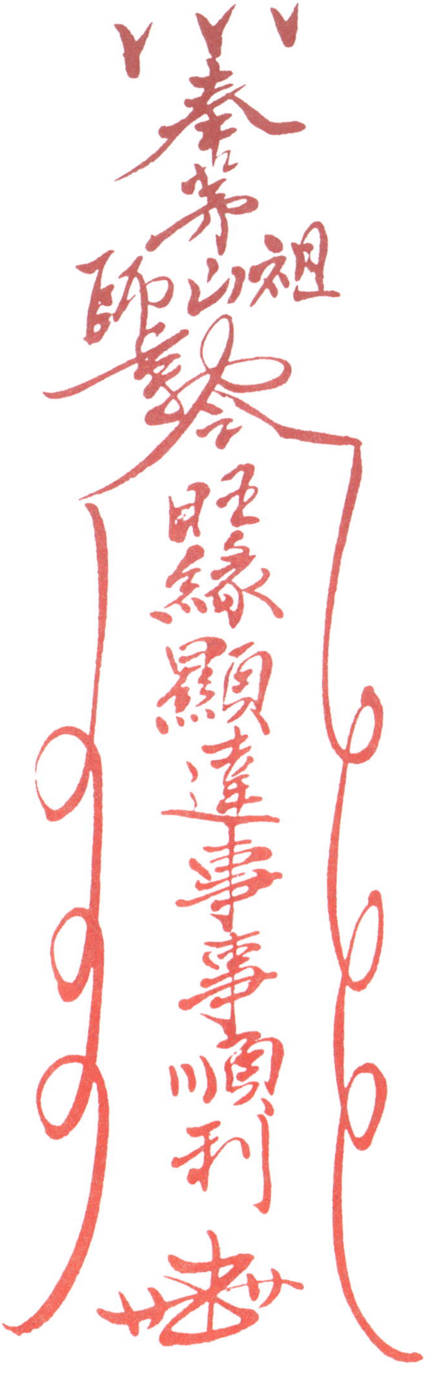
奉茅山祖師令
旺緣顯達事事順利

花字：丁甲神到光明顯達

順利咒

天清清地靈靈拜請五方顯達神四方五路貴人來救人救起。。。求職顯達順利運光明七星光明路上行（神兵火急如律令）

作法：用紅紙一張書姓名八字置於上香之處符有效為六個月

禁忌：一次只能畫一道否則無效至多一個月施術一次不得多施備香爐一個紅蠋一對符用黃紙硃砂，書符日為十靈日，合日，貴人日，時為三合，六合時為佳用左雷右劍不化金紙

誅煞神符

黃紙硃字用八卦咒左雷右劍
加七張壽金化火門外一次三張

安神符

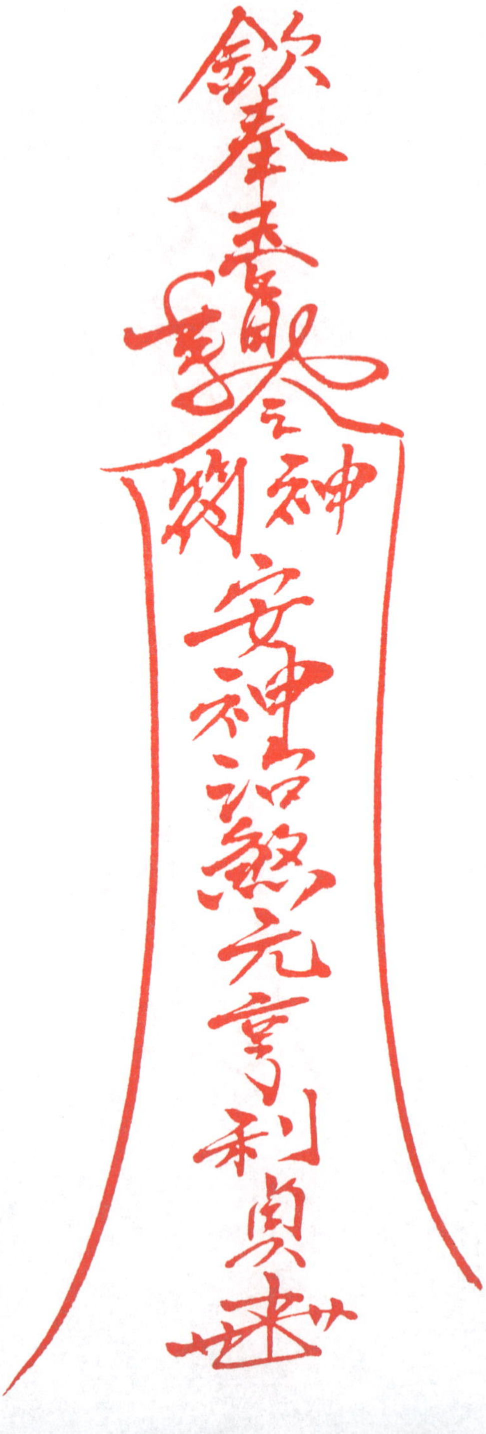

用紅紙黑字貼在神的背後又安神法神明香爐下用一個盤子盛著香爐即可化解今年不利南方方位又地主神的香爐要用盤子盛著（瓷盤子）

真傳九天玄女
樟柳耳報秘法

樟柳符（一）

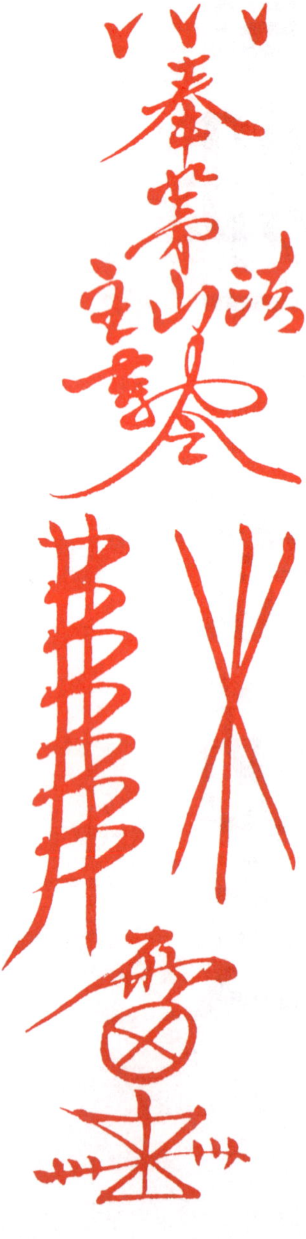

用法：於甲子日，用黃紙硃書化於在樟柳童前。

樟柳符(二)

用法：於乙丑日用黃紙墨書，此符一道燒化於樟柳童前。

樟柳符(三)

用法：丙寅日用黃紙墨書本符一道燒化於樟柳童之身後。

樟柳符(四)

用法：丁卯日用黃紙硃字化本符一道於樟柳童前。

樟柳符(五)

用法：：戊辰日用黃紙墨書化本符一道於樟柳童後。

樟柳符(六)

用法：用已日夜子時以黃紙硃書祭後練後化在樟柳靈童前。

樟柳符㈦

花字：通天徹地化

用法：用庚午日夜子時以黃紙硃書祭練後化在神爐內。

書符咒

一擊天門開，二擊地户裂
三擊萬人降，吾奉九天玄女
勅令急急如律令

取木咒

神木靈靈取汝為神靈童聽法
遠報吉凶・吾今祭練，聞法通靈
急急如律令

追魂咒

天魂靈、地魂靈、三台覆體、七魄安寧、上通天門、下徹地府、三魂取、七魄靈、天清、地合、萬神聚會、吾奉九天玄女勅令急急如律令攝。

催魄咒

魂再入體，氣命皆還，魄來即生，氣大皆全，奉請造魄神，急急如意，吾奉九天玄女，敕急急如律令。

用法：備樟柳童子一尊，於甲子日子時。

開始祭練七天或四十九天。

每天燒化符一道於樟柳童子前並唸五淨咒，請神咒、書符咒，追魂咒、追魄咒各三遍，四十九天不可中斷，否則無效。

五營之區分認識

五營又區分為「上五營」、「下五營」均指所供奉的神將以示區分，略述如後：

一、上五營：東營九夷軍，主帥張聖者（法主公）南營八蠻軍，主帥蕭聖者，西營六戎軍，主帥劉聖者，北營五秋軍，主帥連聖者，中營三秦軍，主帥李聖者。

二、中五營：指李、溫、康、馬、趙五大元帥。

三、下五營：為五鬼兵頭乃供奉之神將。

一般神壇均有一木架，上插五營之神將，（分東西南北中）神將頭部約有兩個拇指大，無身，僅以鐵棒連接頭部，分青臉（東營將），紅臉（南營將），黃臉（中營將），白臉（西營將），黑臉（北營將），以五色代表五營，正循應天地五行運行之理，該木架即一般稱之為“五營斗”者。

以上所述者盛行於南部，北部並不以頭表示，而以五營令旗取代，一般認為安五鬼頭即五鬼兵，為較邪陰之法，故正法神（道）壇，則均安「五營旗」，一般稱「五營旗斗」，安五營兵將大都是行法所需，調兵遣將之用，而其用途相當廣泛。

調營犒賞科儀全套

請神咒

香氣沈沈應乾坤，燃起清香透天門，金烏奔走如雲箭，玉兔光輝似車輪，南辰北斗滿天照，五色彩雲鬧紛紛，紫微宮中開聖殿，桃源玉女請神仙，千里路途香伸請，飛雲走馬降來臨，拜請杏壇三恩主，列聖金剛衆諸尊，玄天真武大將軍，五方五帝顯如雲，香山雪山二大聖，金吒木吒哪吒郎，扶到乩童來開口，指點弟子（信女）好（甚）分明，神兵火急如律令。

太極之先，天地根元，老君立教，密旨真傳，玉皇上帝，正坐當廷，帝君真武，列在兩旁，三界內外，億萬神仙，九天玄女速現吾前，六丁六甲，急赴壇前，二十八宿，九曜星君，三十六將，勇猛無敵，金木水火，土神當先，五方神將，各顯威靈，上帝有令，不得遲延。不聽法旨，貶汝陰山，汝當聽令，分釐無偏，靈符有旨，密咒有令，符化奉行，不得有誤，吾奉太上老君急急如律令，玉皇勅令。

發五營咒

謹請祖師猜猜發兵出，本師猜猜發兵行。發兵並發符，發去東營軍，西營將，中營軍，五營兵馬點兵加點將，兵先發馬先催，袂隨弟子腳踏五營（房）門草扇開。槌陰避邪救良民。神兵火急如律令。（三遍）

格界咒(一)

拜請東營張聖者守著東方木輪界，
若有它外人吾格寸斬不留情，
神兵火急如律令。
東營火輪蕭聖者
西營火輪劉聖者
北營火輪連聖者
中營火輪李聖者

格界咒(二)

「言明」調營是神明的步將，也是法師的護身，調有分色外內營，內將是張、蕭、劉、連，外將是溫、康、馬、趙。營有分色，調大營，調小營，大營要步斗，調小營，請營的可以。調大營，閭山法在用指勅營，先請營，再來調營。大請，小請。營請後，再請神。

東營張公聖者咒

謹且法天張聖者，世居泉君燕臨童。赤腳修來行正法，普陀妙上顯威靈，金女橋上翻切土，青龍潭裡早修行，腳踏火輪袪邪穢，手執寶劍斬妖精。行雲致雨占世界。書符咒水救萬民。助國救民興妙上。代天行化顯真身。四十五年同淨世。遊行國土救生民，辛年辛月飛身化。化身顯現在壇前，左右枷羅吾官將，前后駕馬二威靈，三界祖師盧太宰，三壇祖師江仙人，更有劉連二聖者，協力治病救衆生，弟子一心專拜請，張公聖者降臨來，神兵火急如律令勅。

南營蕭公聖者咒

奉且蕭公聖者。慈悲感應受衆生。毫光顯現推乾坤。手執寶劍斬妖精。山精鬼怪邪降伏。親身下降不容問。城隍社稷各皈依。毫光照耀三途路。慈悲不捨降道場，打開毬內百萬。勇猛哪吒諸官將，為吾凡間救萬民，弟子一心專拜請，蕭公聖者降臨來，神兵火急如律令。

西營劉公聖者咒

奉旦七台山上劉聖者。降龍伏虎大慈悲。獅子岩前伏猛虎。金鎗樹下降青龍，法王駕前拾八載，劉公聖者展神通，吾奉玉皇上帝勅，焚香拜旦到壇前，弟子一心專拜請，劉公聖者降臨來，神兵火急如律令。

北營連公聖者咒

奉且七台山上連聖者，林氏六郎有神通，剪髮光頭惟吾願，少年捨身入僧家，不怕城隍並社稷，不怕為非不正神，有吾爐中行法界，行罡步斗到壇前，法門弟子一心專拜請。連公聖者降臨來，神兵火急如律令。

中營哪吒太子咒

謹請哪吒兵哪吒靈，哪吒太子七歲展威靈，頭帶冠巾羅裙帶，繡球抛落東海去，百萬兵馬到壇前，上山騎猛虎，落水斬蛟龍，天上踏七星，地下踏吾龍，日月同空照，鬼神見吾驚，弟子爐前焚香三叩三拜請，拜請中壇元帥速速降臨來，神兵火急如律令。

召營咒文

奉請張、蕭、劉、連四聖者。四大元帥展神通。帶領本營諸猛將，銅枷鐵鎖縛妖精，弟子焚香請五營，五營兵馬降臨來，神兵火急急急如律令勅。

調五營總咒

旗鼓響動通三壇，一聲法鼓鬧紛紛，二聲法鼓透地鳳，三聲法鼓鬧猜猜，吾帶明鑼天地動，焚香走馬調五營，調起東營軍兵南營將，西營軍兵北營將，中營軍馬五營將，調起五營兵馬點兵甲點將，飛雲走馬到壇前排兵烈陣到壇前，神兵火急如律令。

安內五營符

用法：：此符為墨書在令旗上。

南營符

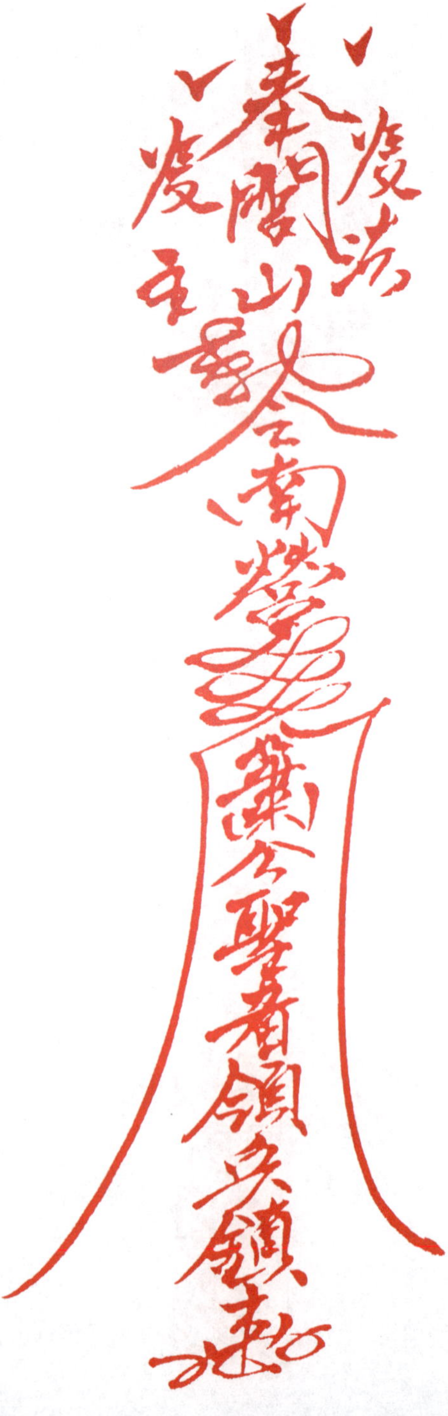

用法：此符為墨書在令旗上。

西營符

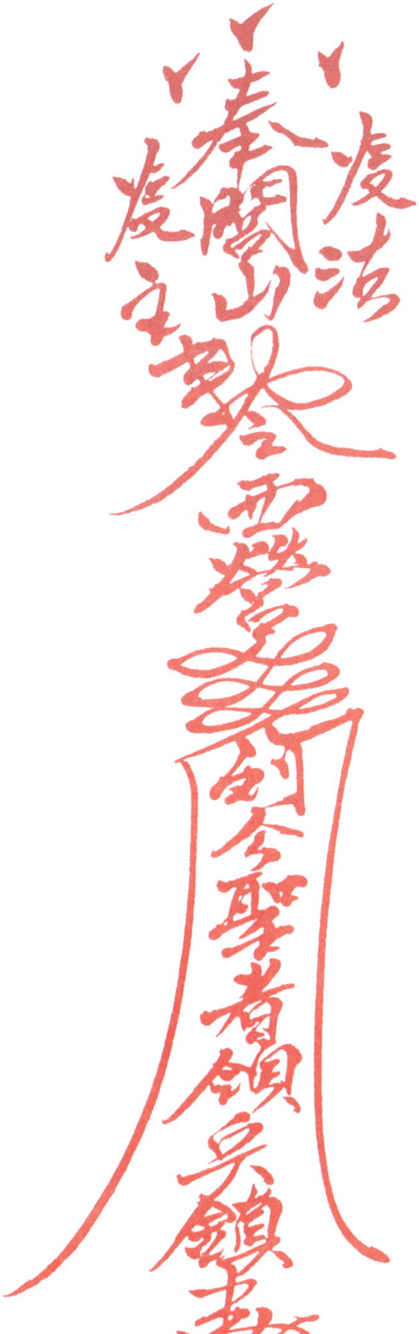

用法：此符為墨書在令旗上。

北營符

用法：此符為墨書在令旗上。

中營符

用法：此符為墨書在令旗上。

東方符（東營）

花字：東營軍兵鎮此。

用法：此符為墨書在令旗上。

安五營符（南營用）

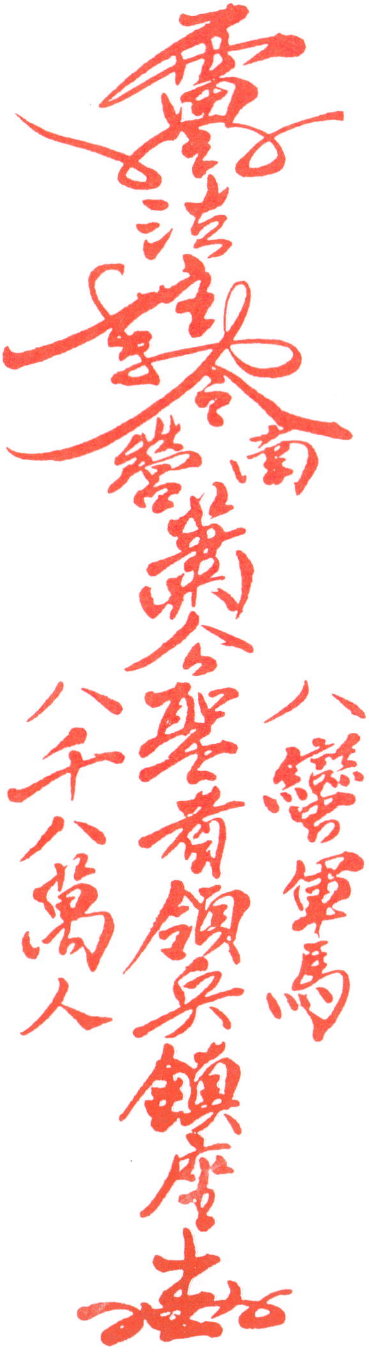

花字：東營軍兵鎮此。

用法：此符為墨書在令旗上。

西營符

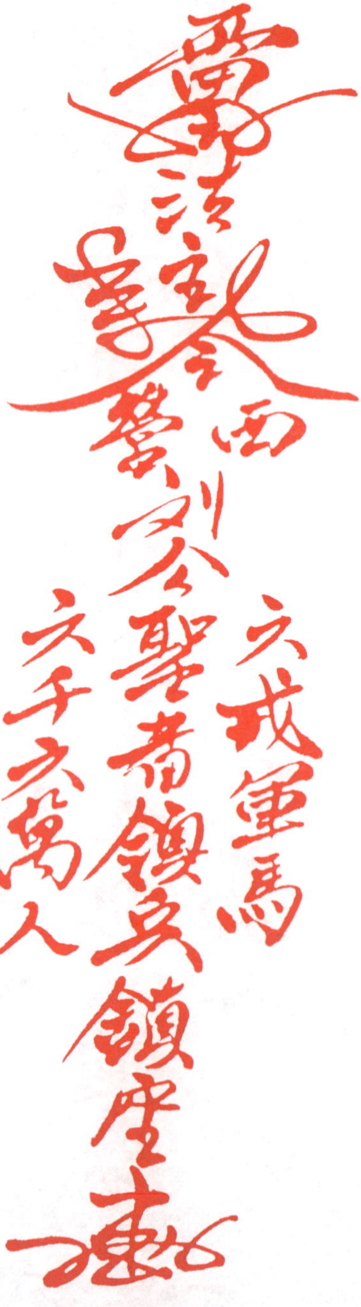

花字：東營軍兵鎮此。

用法：此符為墨書在令旗上。

北營符

花字：東營軍兵鎮此。

用法：本符宜書寫在北方竹排上、用黑字書之。調營犒賞後安外營竹排上。

中營符

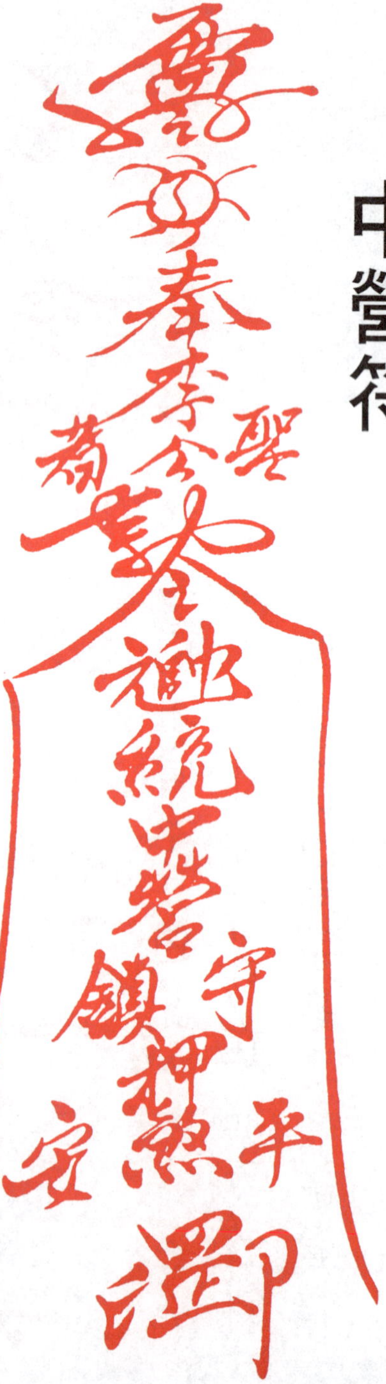

花字：東營軍兵鎮此。

用法：本符宜書寫在中間竹排上、用黑字書之。調營犒賞後、安外營竹排上。

五營令旗符(一)

花字：張聖者鎮安

用法：直接寫在青旗上、黑字

五營令旗符(二)

花字：蕭聖者鎮安

用法：直接寫在紅旗上黑字。

五營令旗符㈢

用法：：直接寫在白旗上、黑字。

五營令旗符(四)

用法：直接寫在黑旗上、黑字。

中營符

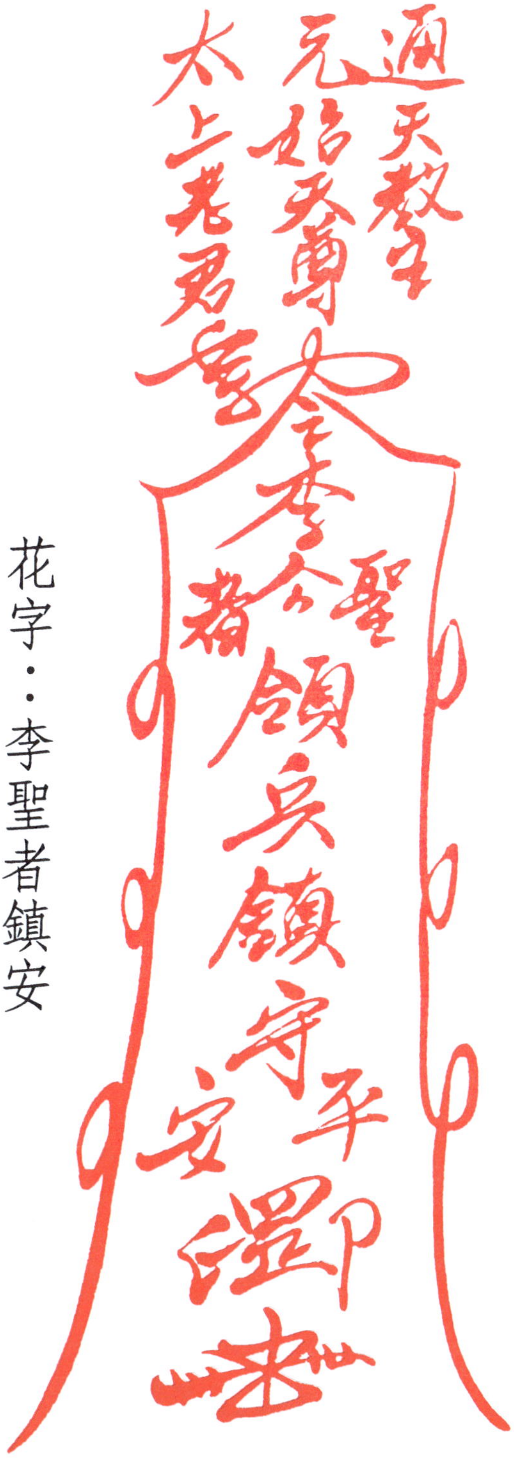

花字：李聖者鎮安

用法：直接寫在黃旗上、黑字。

安五營天兵符

用法：黃紙硃字書寫調營犒賞後化在香爐內。

東營押煞符

用法：：符黃紙墨書、調營犒賞後、在將此符安東方。

南營押煞符

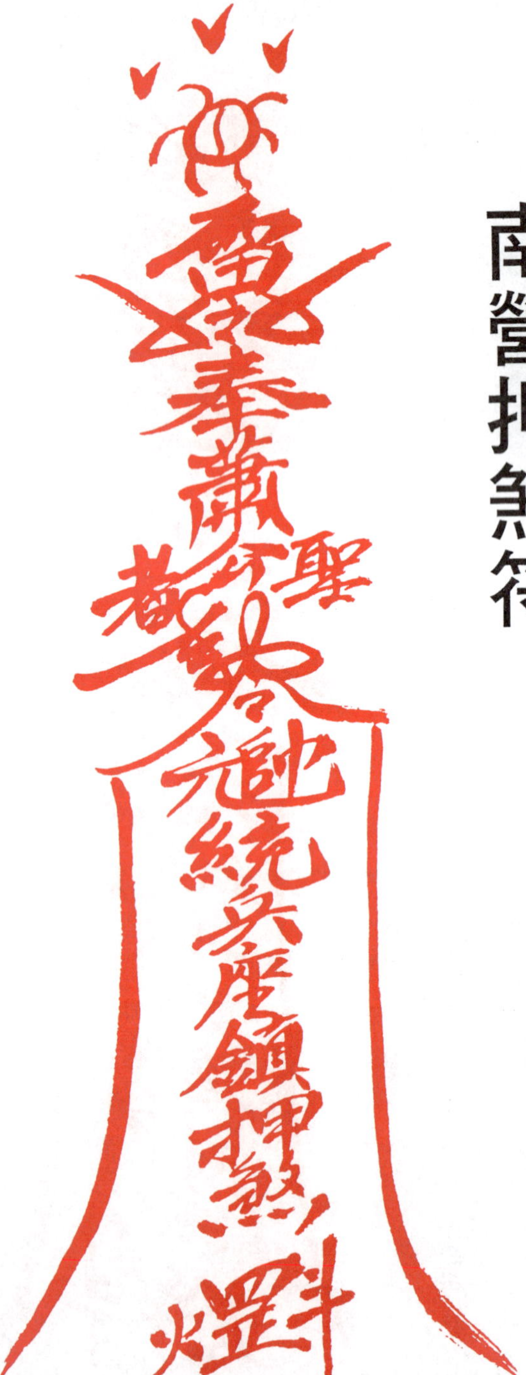

用法：符黃紙墨書、調營犒賞後、在將此符安南方。

西營押煞符

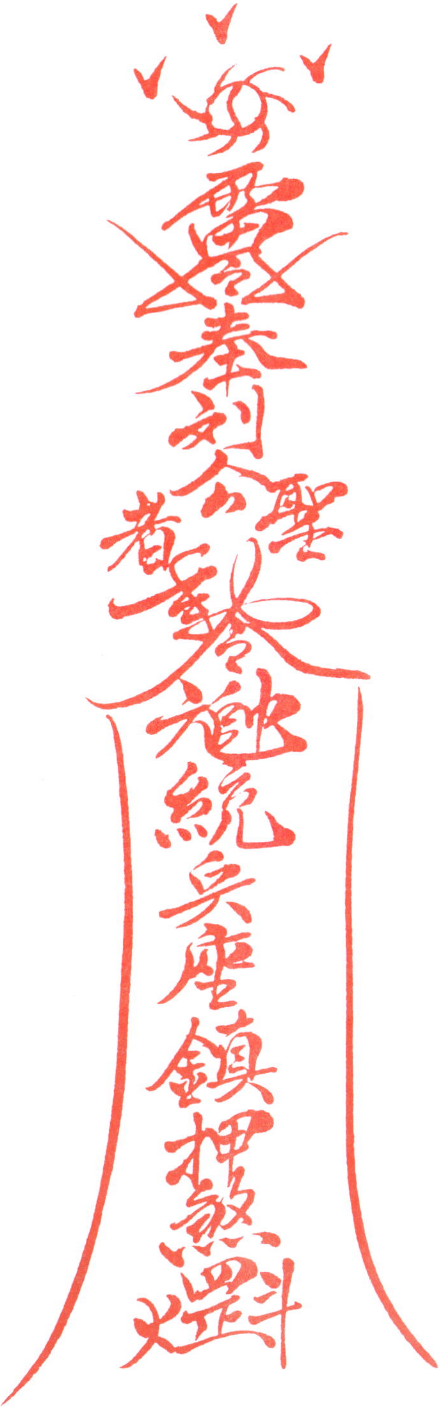

用法：符黃紙墨書、調營犒賞後、在將此符安西方。

北營押煞符

用法：符黃紙墨書、調營犒賞後、在將此符安北方。

中營押煞符

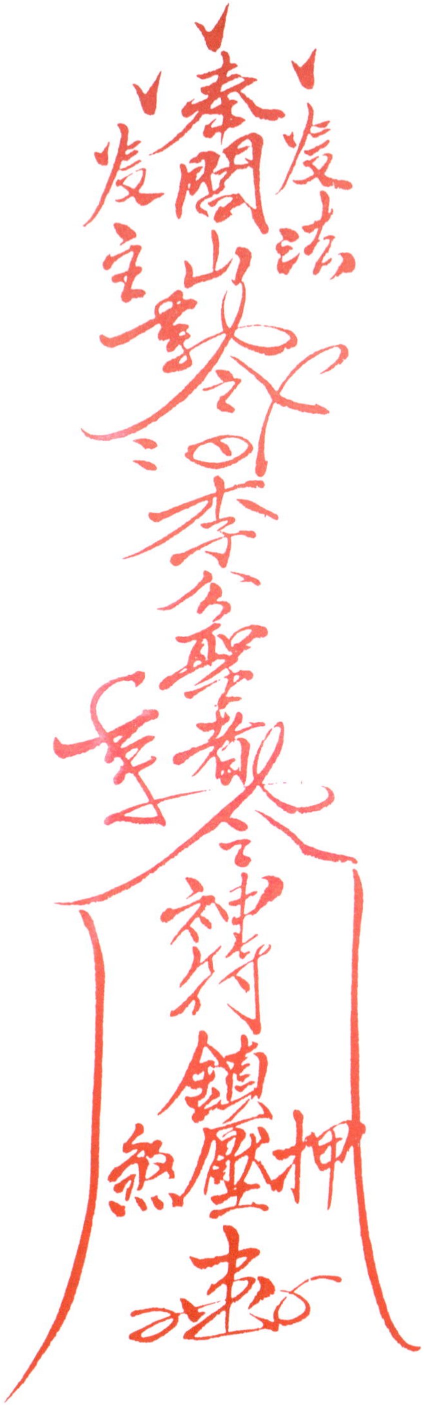

用法：本符宜用黃紙墨書、調營時加壽金、甲馬燒化中間即可。

東營領兵符

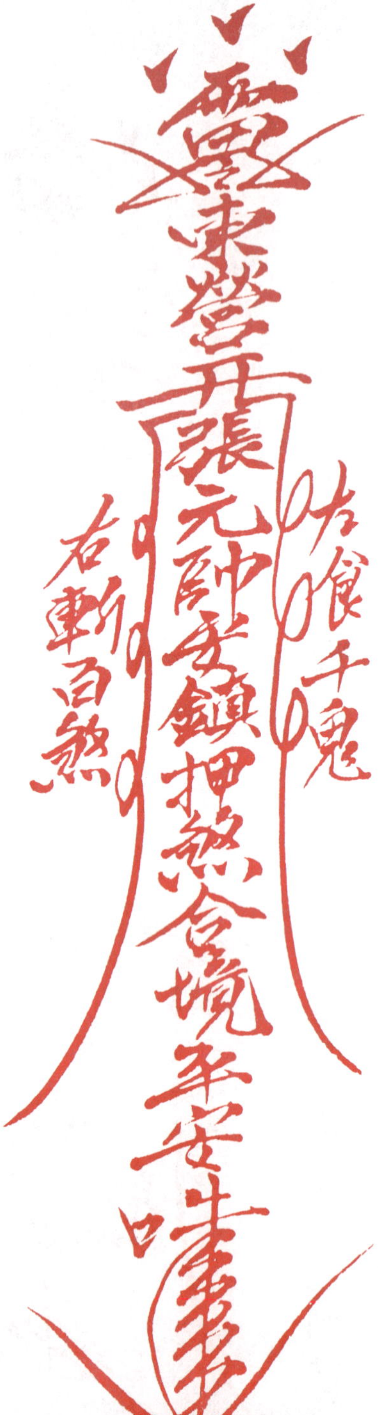

用法：本符宜用黃紙墨書、調營時加壽金、甲馬燒化東營即可。

南營符

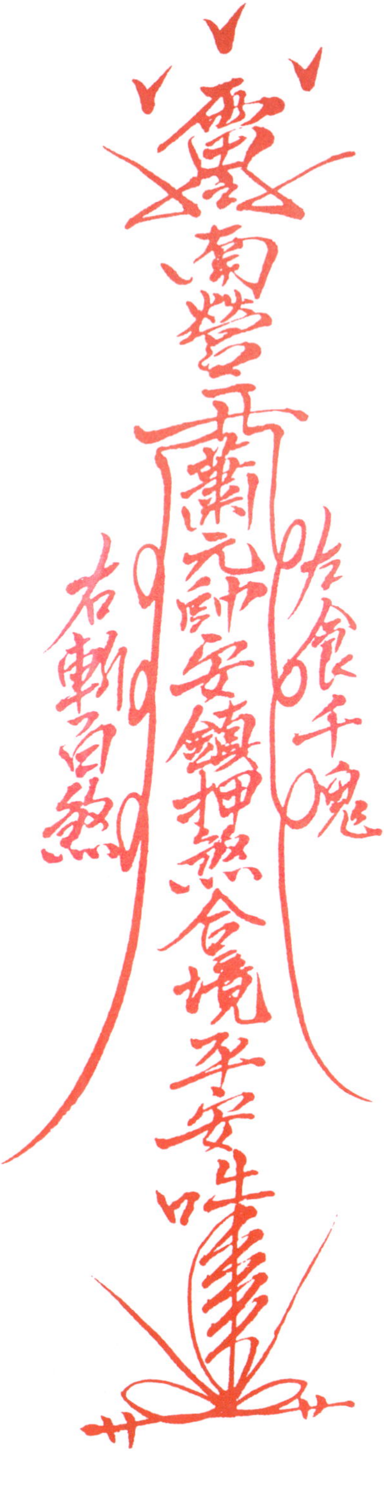

用法：本符宜用黃紙墨書、調營時加壽金、甲馬燒化南營即可。

西營符

用法：本符宜用黃紙墨書、調營時加壽金、甲馬燒化西營即可。

北營符

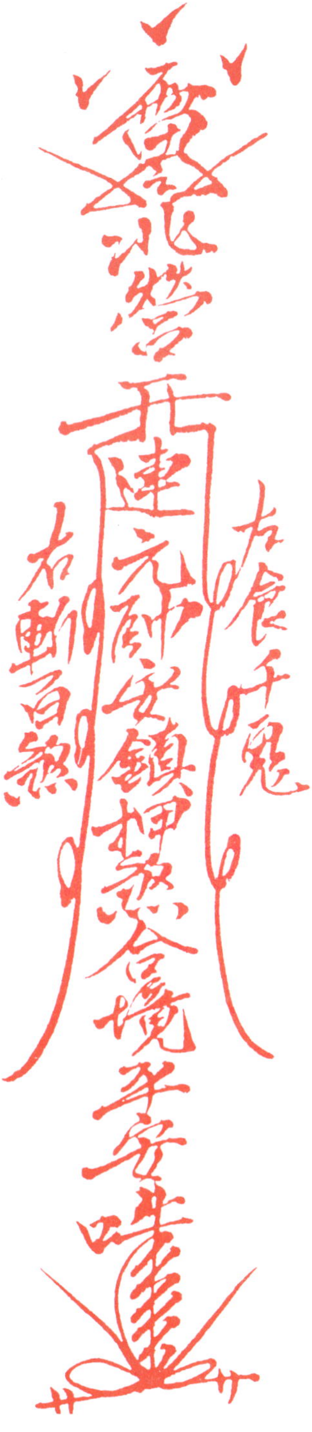

用法：本符宜用黃紙墨書、調營時加壽金、甲馬燒化北營即可。

中營符

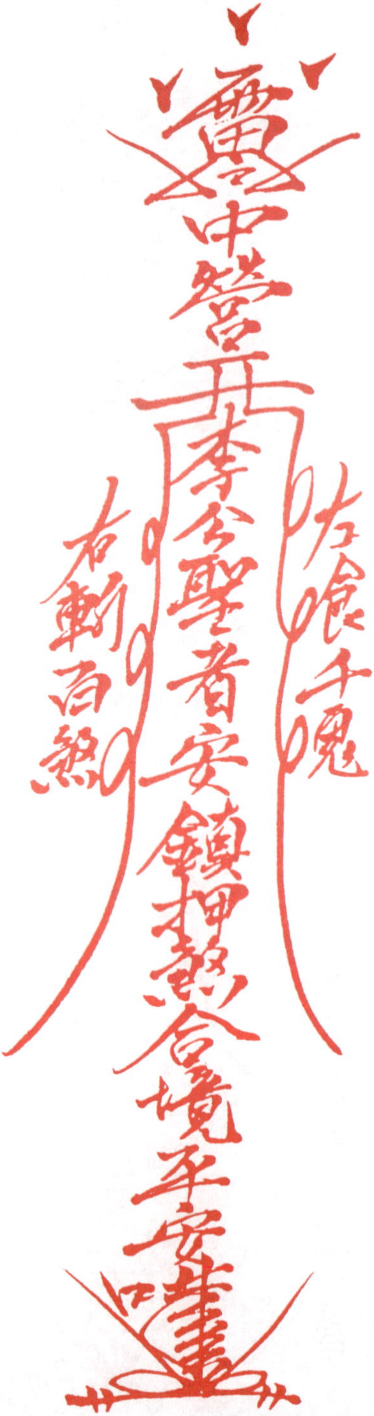

用法：本符宜用黃紙墨書、調營時加壽金、甲馬燒化中營即可。

五營元帥神符東營符

用法：此為放五營安或燒在營房前宜用黃紙墨書。

南營符

用法：：此為放五營安或燒在營房前宜用黃紙墨書。

西營符

用法：此為放五營安或燒在營房前宜用黃紙墨書。

北營符

用法：此為放五營安或燒在營房前宜用黃紙墨書。

中壇元帥符

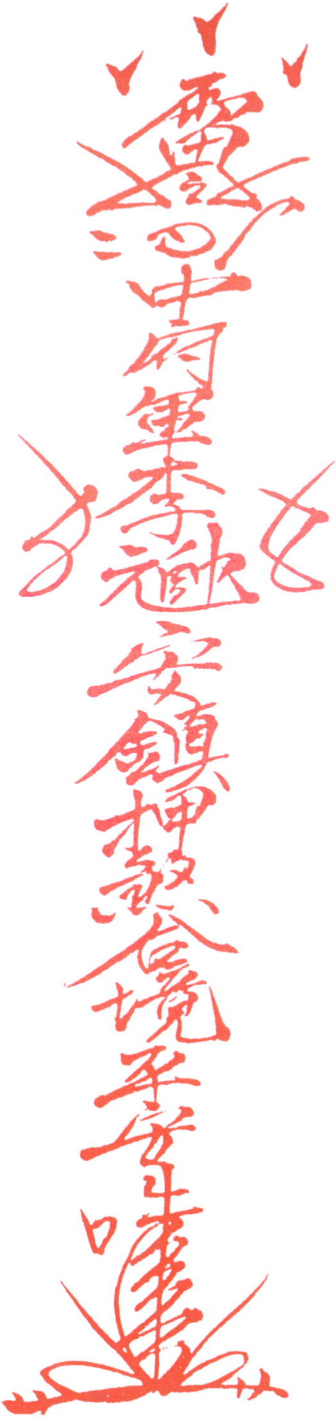

用法：此為放五營安或燒在營房前宜用黃紙墨書。

收邪煞符

用法：．凡宮壇屋犯有邪煞作怪不安時、可用本符以黃紙硃字燒化門口或貼在門上。

安營大淨符

用法：此符乃為安外時加七張壽金淨營房或壇前、符以黃紙硃字。

退神符

用法：凡神尊日久要換新神像時、加壽金七張唸退神咒七遍即可。

鎮宮符

用法：安宮時、符以黃布墨書；安龍謝土時、貼在中央。

鏡符

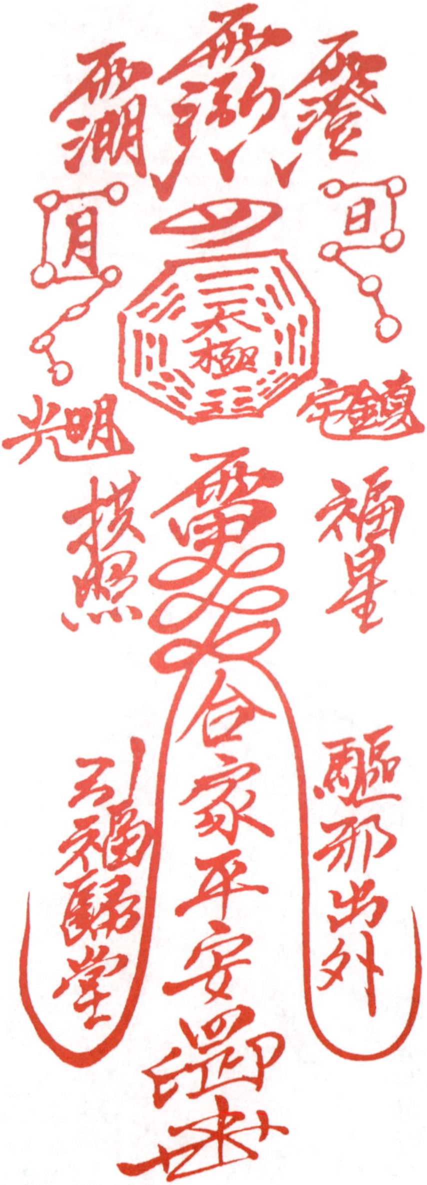

用法：凡房屋或店有對到路沖時、以硃字書寫貼在門上。

五營旗兵將符

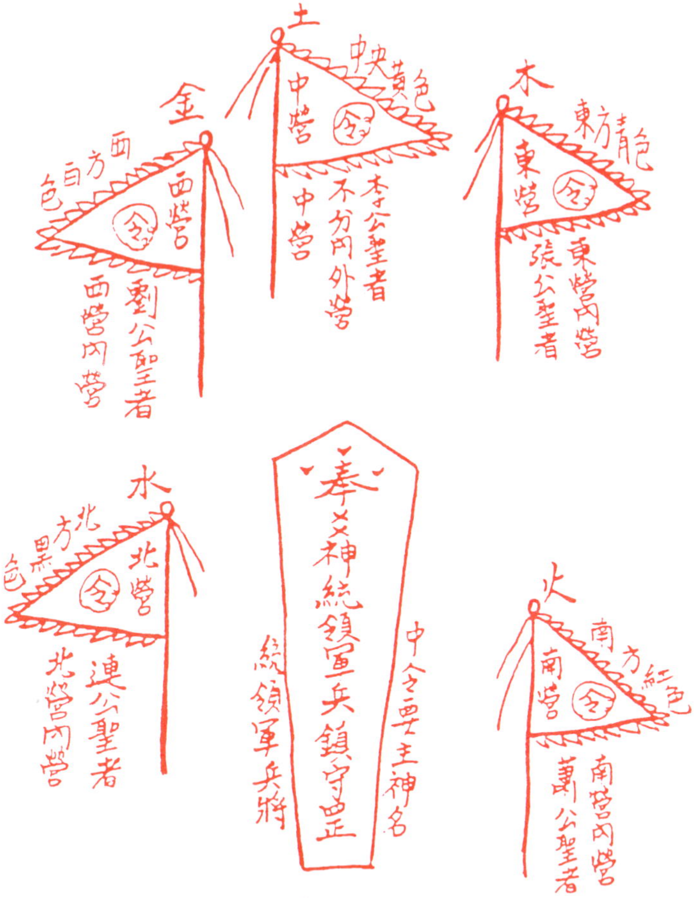
土
中央黃色
中營
令
中營
不分內外營
李公聖者
木
東方青色
東營
令
東營內營
張公聖者
金
西方白色
西營
令
西營內營
劉公聖者
水
北方黑色
北營
令
北營內營
連公聖者
火
南方紅色
南營
令
南營內營
蕭公聖者
奉
××神統領軍兵鎮守四正
統領軍兵將
中○○○主神名

五營個營有面

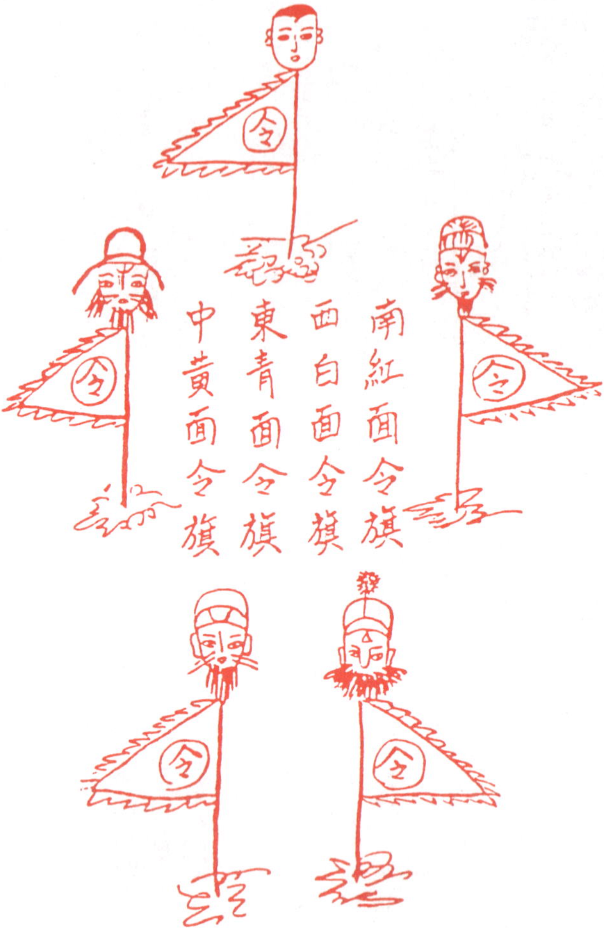

五營斗排法

◎五營軍兵◎

安營在壇中要安在小邊營軍是神明的步下兵，在每月的初一十五日都要調營、賞兵、賞馬、安五營是要驅走四方鬼神、邪魔。

犒賞法壇全圖

敬五營方正法事

犒軍科儀

洒淨　天地咒　啟聖

發鼓三通號令云本堂筵上賞官軍

諸兵諸將同豐勞主客無分論汗勳

啓請

天兵天將地兵地將水兵水將神兵神將

啟請本堂壇守衛軍　兩邊衙役在其中

啟請地主守衛軍　巡邏衙役在其中

啟請城隍守衛軍　班頭皂隸在其中

啟請五方五營軍　五營軍兵到筵中

啟請八方驅瘟軍　驅瘟軍兵到筵中

啟請八方龍神軍　蟹兵蝦將到筵中

啟請三界諸神軍
啟請鹽水九洲軍
啟請值年駐衛軍
啟請值月監察軍
啟請值日巡察軍
啟請值時稽查軍
啟請金闕傳令軍
啟請斗部隨從軍
啟請雷霆驅魔軍
啟請祖師鎮　堂軍

遊方八部諸官軍
九洲軍兵到筵中
駐衛軍兵到筵中
監察軍兵到筵中
巡察軍兵到筵中
稽查軍兵到筵中
傳令軍兵到筵中
隨從軍役到筵中
驅魔軍兵到筵中
鎮　堂軍兵到筵中

啟請虛空過往軍　過往軍兵到筵中
各部軍兵齊集會　勿分大小自歡容
今時為何勞爾軍　下請代達各宜聽

元始安鎮天尊

茲值禮斗超渡功課完滿雲開霧散月朗
風清轉斗普渡叨蒙於聖麻星渡超全恃軍勳
解除下民之痛苦蜀益蕩民宅之邪氣赦既往之
愆尤宥眼前似微辜消一生之過咎制未來
之凶憂造全各家之鴻福降全萬户似嘉祥赦宥

罪愆恩在列聖消災解劫力丈請軍
除謝　聖恩之後應勞軍兵之時茲備兆
海之解肴猶修南澗之芹饈採取盧仝之
雀舌草花杜康之香醇筵中薄錯雜
之肴唯納下民一片丹枕酣主虔心酎
謝諸軍海量而涵容常清常淨犒賞
天尊開樽設席賞諸軍青萬赤白亂紛紛
今日筵中聊犒賞諸般美意酒杯中
犒賞金闕傳達軍筵中菲供各盆饈
今日微意臨領受犒謝傳書兩露功
稿賞斗部隨從軍安停執事到筵中

隨鞍附冀必無倦應請筵中飲杯醇
粗陳薄供祈領受功完課滿職又終
犒賞雷霆驅魔軍聊將微意報高功
犒賞祖師鎮堂壇軍道場告趁勞爾功
五萬兵馬黑龍騰空黑旗黑甲水府營兵
遍繞北方掃蕩魔瘟粗羹淡膳賞爾高功
東北威神青黑元君三萬兵馬馬袁易將軍
青盔黑甲艮土為根鎮守東北掃蕩妖氛
堵塞艮路鬼不流通粗羹淡膳賞爾高功
東南威神青赤元君三萬兵馬高光將軍

青盔赤甲發巽罡風鎮守東南掃蕩妖氛
狂風猛烈百怪無蹤粗羹淡膳賞爾高功
西北威神白黑元君三萬兵馬何當將軍
白盔黑甲天門乾宮鎮守西北掃蕩妖氛
開通神門壓制諸凶粗羹淡膳賞爾高功
犒賞東海青龍軍水族龍將與龍兵
犒賞西海白龍軍水族蛟將與鰲兵
犒賞南海赤龍軍水族蟹將與蝦兵
犒賞北海黑龍軍水族鱉將與蟳兵
水將龍兵到此中官軍犒賞衆皆門
各營軍兵齊集會再賞臨水九洲軍

犒賞充洲一營軍除關收煞保兒童
號令奉行無退縮今天犒勞箕高功
犒賞冀洲二營軍衝關奮勇盡殺勳
勉力為公未退後自然筵上賞爾功
犒賞青洲三營軍臨水平妖顯大勳
北討南征無懈怠筵前今日勞爾功
犒賞徐洲四營軍王楊卒領掃妖氛
從來汗馬心無怯今日堂前勞爾功
犒賞楊洲五營軍不多不少生力軍
向來奏效平妖責時日無分責爾功
犒賞豫洲六營軍常配徐洲掃妖氛

收煞衝關皆有分今天補勞爾功高
犒賞荆洲七營軍特撥青洲蕩妖氛
滅崇除精多得勝吾今補賞爾高功
犒賞粱洲八營軍常時併隊最段勤
臨水平妖功不少吾今補報爾前勳
犒賞蕹洲九營軍軍聲震壯氣濃濃
配合充洲無分彼吾今稿勞爾高功
護特臨水九洲軍四十五營亂紛紛
今日堂中同犒勞無分人數意皆同
犒賞地主守衛軍守衛軍兵到筵中
犒賞城隍巡查軍巡查軍兵到筵中

犒賞站岡守望軍守望軍兵到筵中
犒賞露宿瞭望軍瞭望軍兵到筵中
犒賞晝夜巡邏軍巡邏軍兵到筵中
犒賞本境各廟軍各廟衛役在其中
犒賞諸聖隨從軍隨從軍兵到筵中
犒賞虛空過往軍暫停片刻到延中
犒賞格家保衛軍門神户位在其中
犒賞本堂救生軍衛役班史在其中
犒賞本壇護道軍差役傳令諸官軍
樽開一席賞諸軍半是素蔬半是葷
衆位莫嫌單席小肴豐美味盡清芬

玉杯不夠各輪斟唯在人心美意深
少飲多杯皆是賞勿貪多飲醉呻吟
玉著不夠用手招是餞是鹽爾莫嫌
料理卸廚真手段其中酸辣又加甜
高低兵軍環繞坐高後低前莫糾紛
客軍居左主居右主客應當兩相分
初巡酒後笑呵呵杯中美酒現嫦娥
今朝有酒今朝醉莫管明朝應事非
二巡美酒笑嘻嘻今朝不樂待何時
筵中佳肴由爾嘗不飽不醉悔來遲
三巡美酒笑嚇嚇玉盞浮沈伩流霞

醮主舉家皆忙碌　筵中莫怪辦參差
瓶中有酒堪盡醉　筵上珍饈任亂七
有凳軍兵用凳坐　無凳軍兵企起腋
有箸軍兵用箸挾　無箸軍兵用手抓
薄酒粗希聊稿賞　酒後另品好名茶
今日功課皆完滿　聚會筵前當歇腳
筵中犒賞是無他　唯有粗希可人牙
期望諸君涵雅量　就是如此謝大家
到時軍兵同一請　去時軍兵各分開
一年四季常光顧　時時降福並消災
今備財帛酧爾功　各營軍兵各自分

本堂壇軍兵也在內分配財帛各相同

隊多分多少分少切莫爭執亂紛紛

此地凡間不相同不堪久住作營房

奉送客軍齊起馬來是無影去無蹤

岩石不是裁花地湯池不是養魚池

奉送官軍歸本位紅旗得勝正軍規

此廳不是安軍聽奉送官軍轉回營

送爾諸軍齊起馬隊隊起馬各登程

威靈送駕天尊化財咒天有錢星云云

玉皇諾云云本堂軍兵歸兩相時時保守本堂場

防禦邪魔諸惡崇不准鬼魅來吾堂

元始安鎮云云

搞軍科竟

加五方軍科

掛斗存玄帝君或存三奶身口授

玄天上帝
臨水元君是吾身壇前行令召軍兵

水火
王楊二將先得令飛赴五方領軍兵

吾今關召各條同此 內有尾句玄帝用除妖滅怪掃妖氛各條同

東方木府九營軍青盔青甲出營房

渡關斬煞保兒童

九營軍兵隨我走除妖滅怪掃妖氛

南方火府三營軍赤盔赤甲出營門

三營軍兵隨我走渡關斬煞保兒童

西方金府五營軍，白盔白甲出營房

五營軍兵隨吾走渡關斬煞保童

北方水府七營軍黑盔黑甲出營房

七營兵馬隨吾走渡關斬煞保兒童

中央土府十二營軍黃盔黃甲歲營房
十二營軍兵隨吾走渡關斬煞保兒童
五方三十六營軍五色族旗鬧紛紛
水火二將先鋒掛軍兵奮勇掃妖氛
土楊二將先鋒掛軍兵分隊破關門
諸軍守法聽吾令萬勿退縮各爭風
鼓前金退遵陣法諸軍奮通掃妖氛斬關門
太上老君勅急急如律令
臨水加九洲軍科
掛斗　存三奶身
吾身不是非凡身臨水元君是吾身

收煞除關開殺戒王楊二將召軍兵
天今靈靈地靈靈王楊二將　來臨

格界

祖師格界，本師格界，仙人玉女格界，七祖仙師格界，合壇宮衆格界，格起北東中西南方水木土金火輪界拜請。聖者陣守，若有邪魔鬼怪八吾壇界定斬不容情，神兵火急如律令

發兵

祖師發兵，本師發兵，仙人玉女發兵，七祖仙師發兵，合壇官衆發兵，發起。營兵將入營房，無吾旨令不可亂出汗，神兵火急如律令

化紙錢

祖師化紙錢，本師化紙錢仙人玉女化紙錢，七祖仙師化紙錢，七祖仙師化紙錢，合壇官衆化紙錢，手執紙錢白絲絲獻起兵將領金錢，領起金錢三接引，接引貴人到壇來求神，紙錢一張化十張，十張化百張，百張化千張，千張化萬張，萬張化千千萬億張，一錢化十錢，十錢化百錢，百錢化千錢，千錢化萬錢，萬錢化千千萬億錢，化做金山和銀山，供兵兵將將有夠花，有夠用，神兵火急如律令

山閭和合催心秘法

和合符

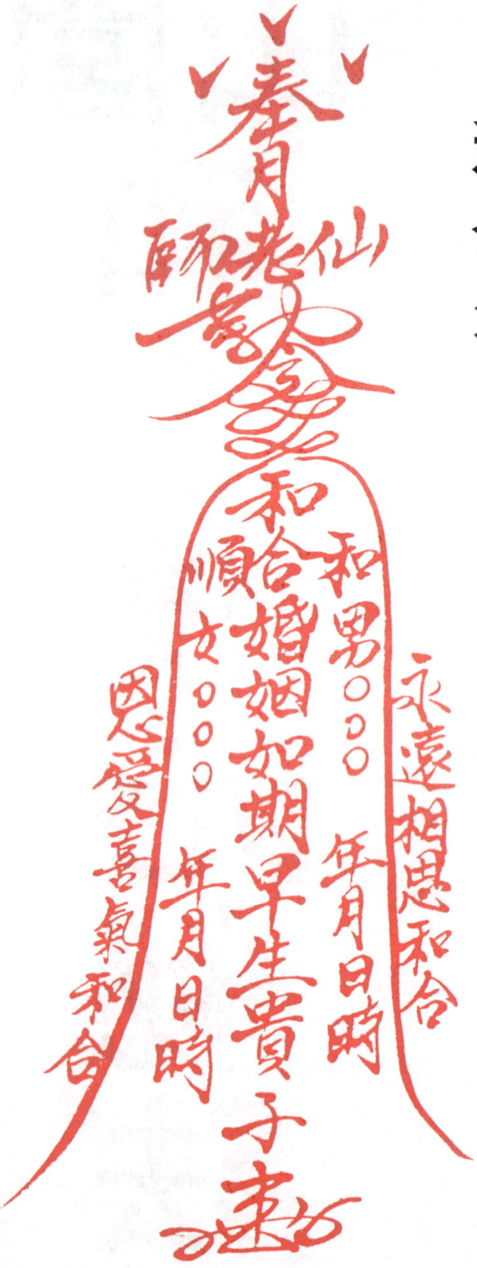

用法：：黃紙墨字，每天一道化飲，燒符並叫。。。速來。。。見面和合七次。

追人符

用途：吊魂

用法：燒化

指法：劍玄指

步罡：七星步

進人符

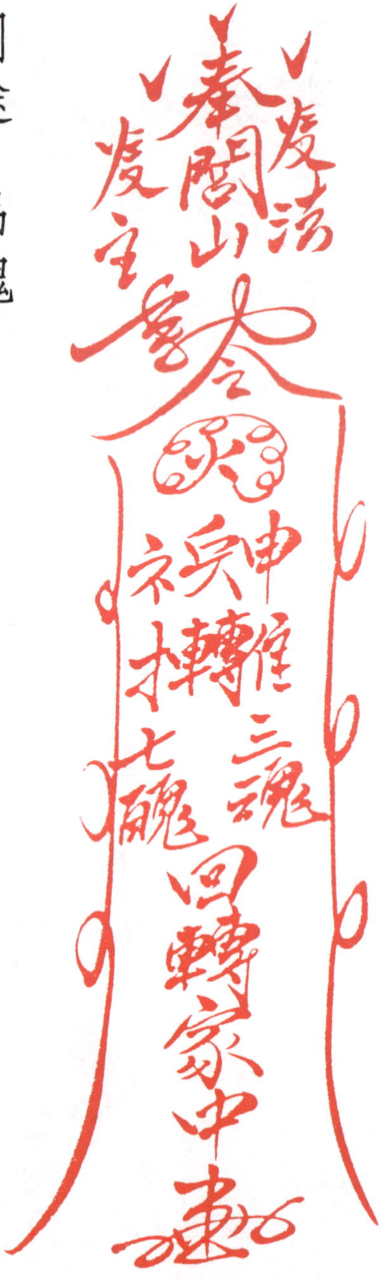

用途：吊魂

用法：燒化

指法：劍玄指

步罡：七星步

和合符(一)

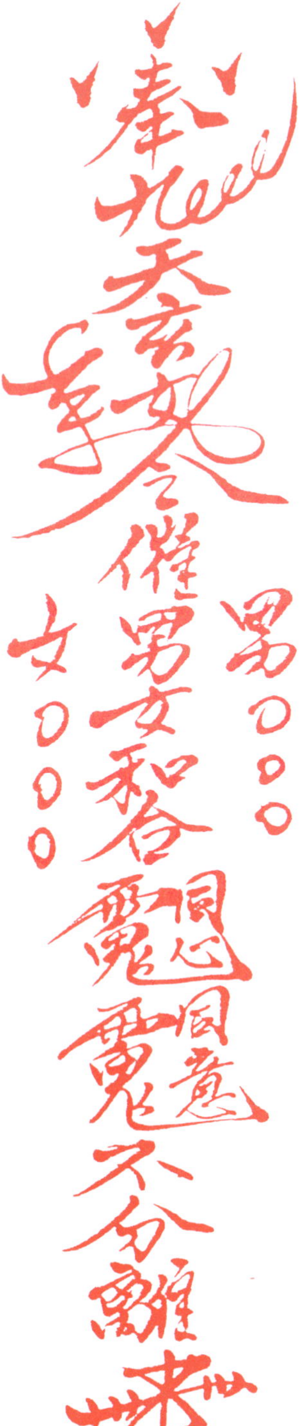

花字：九天玄女勅令勅合

用法：黃紙墨字，每天一道化飲，燒符並叫。。。速來。。。見面和合七次。

和合符(二)

花字：和合仙師勅令

用法：黃紙墨字，每天一道化飲，燒符並叫。。。速來。。。見面和合七次。

和合符(三)

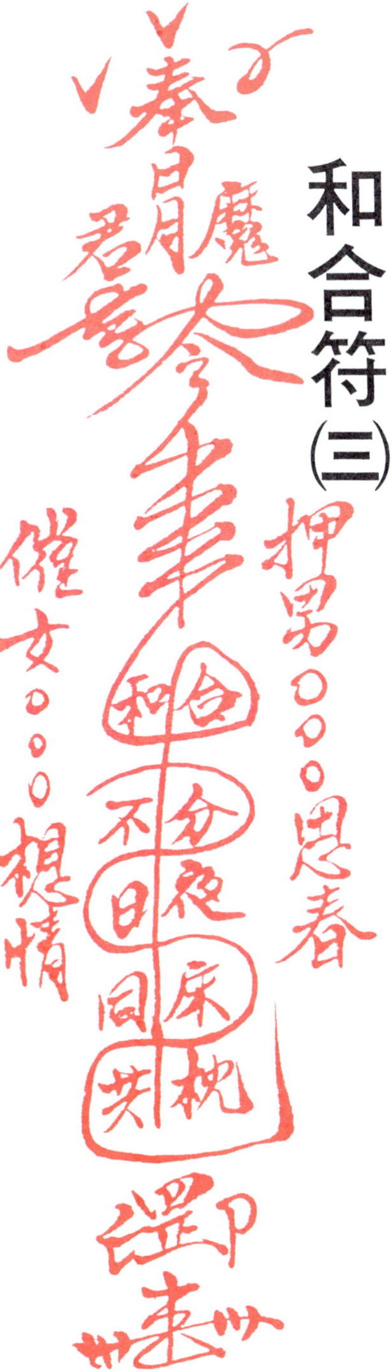

花字：魔君押下男。。。女。。。和合同床共枕

用法：黃紙墨字，每天一道化飲，燒符並叫。。。速來。。。見面和合七次。

和合符㈣

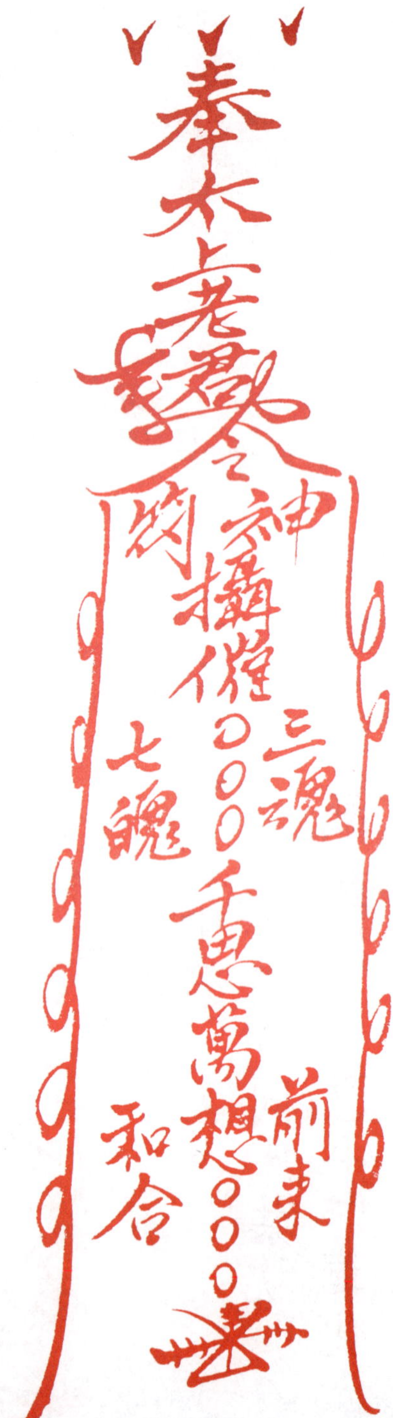

用法：：黃紙墨字，每天一道化飲，燒符並叫。。。速來。。。見面和合七次。

吊回符(一)

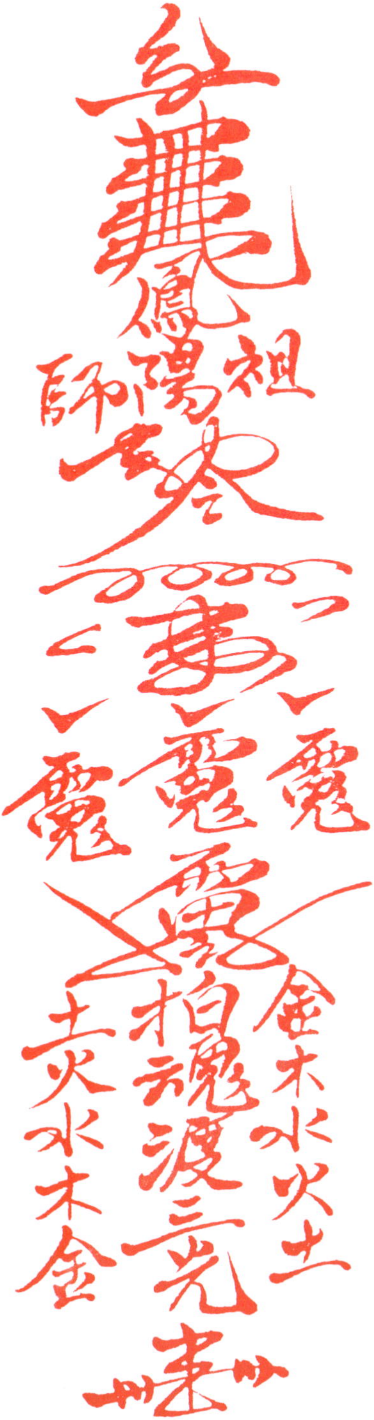

花字：鳳陽祖師敕令

用法：黃紙墨字，每天一道化飲，燒符並叫。。。速來。。。見面和合七次。

吊回符(二)

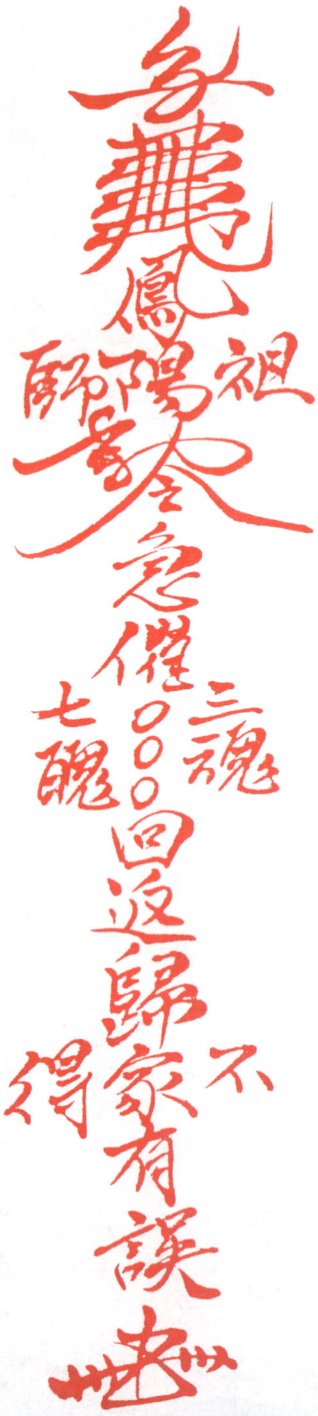

花字：：鳳陽祖師勅令

用法：：黃紙墨字，每天一道化飲，燒符並叫。。。速來。。。見面和合七次。

和合符(一)

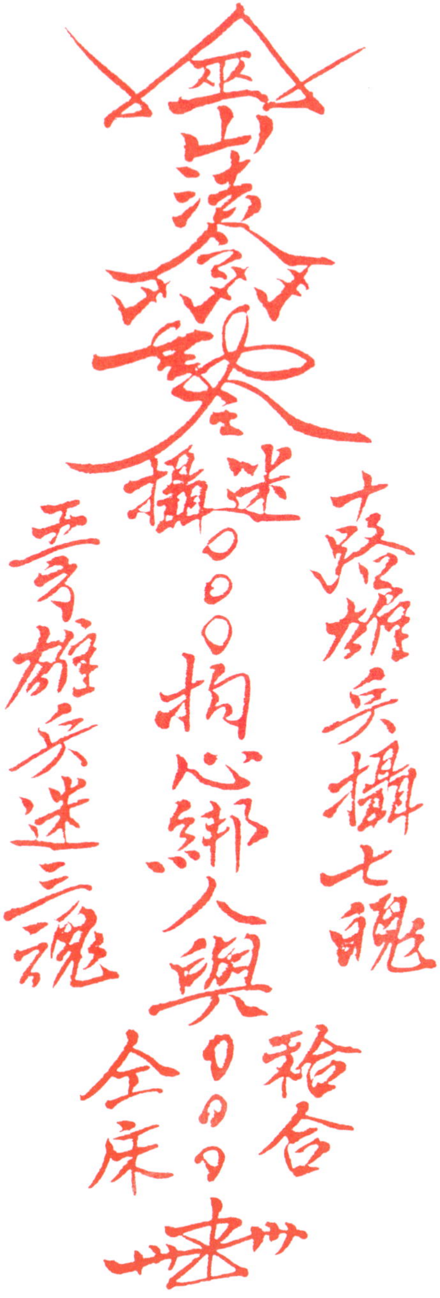
雄兵攝七魄
拘心綁人與
雄兵迷三魂

用法：黃紙墨字，每天一道化飲，燒符並叫。。。速來。。。見面和合七次。

和合符(二)

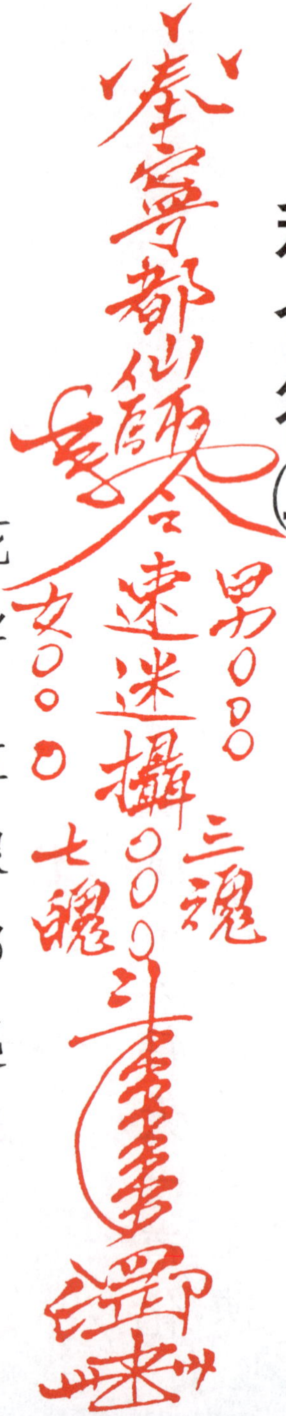

花字：紅線綁起男。。。女。。。寸步不離日夜思合、同床共枕

用法：黃紙墨字，每天一道化飲，燒符並叫。。。速來。。。見面和合七次。

和合符(三)

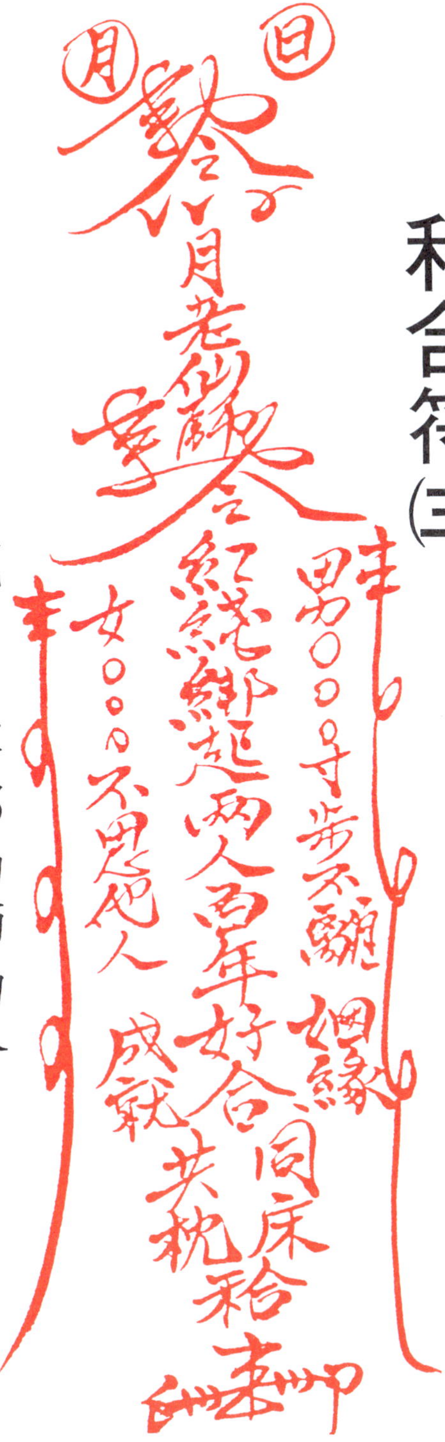

花字：寧都仙師勅令

用法：黃紙墨字，每天一道化飲，燒符並叫○○○速來。○○○見面和合七次。

日月和合符㈣

用法：：黃紙墨字，每天一道化飲，燒符並叫。。。速來。。。見面和合七次。

和合符(五)

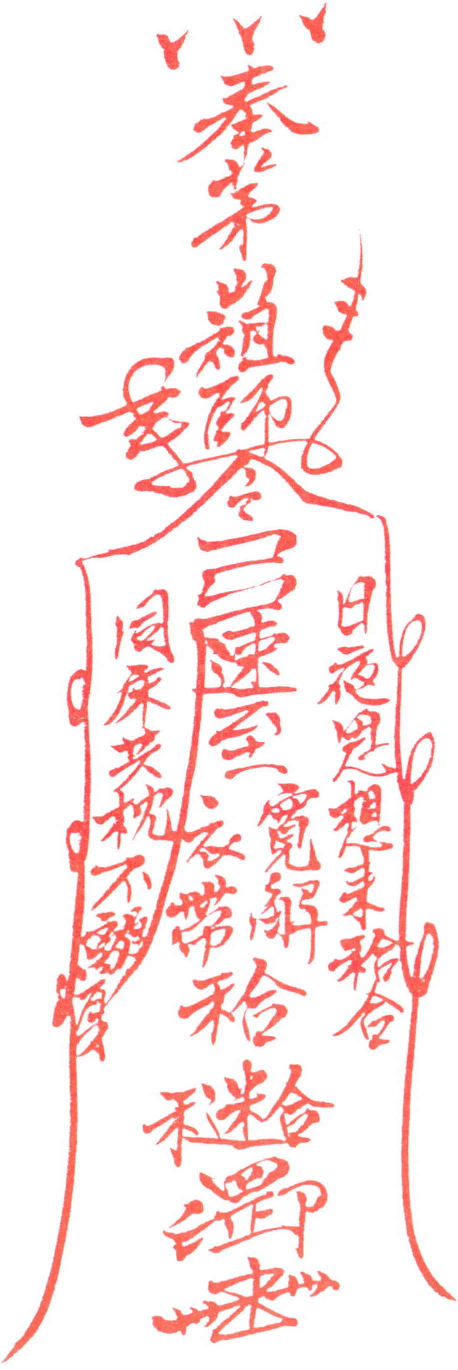

用法：黃紙墨字，每天一道化飲，燒符並叫。。。速來。。。見面和合七次。

和合符(六)

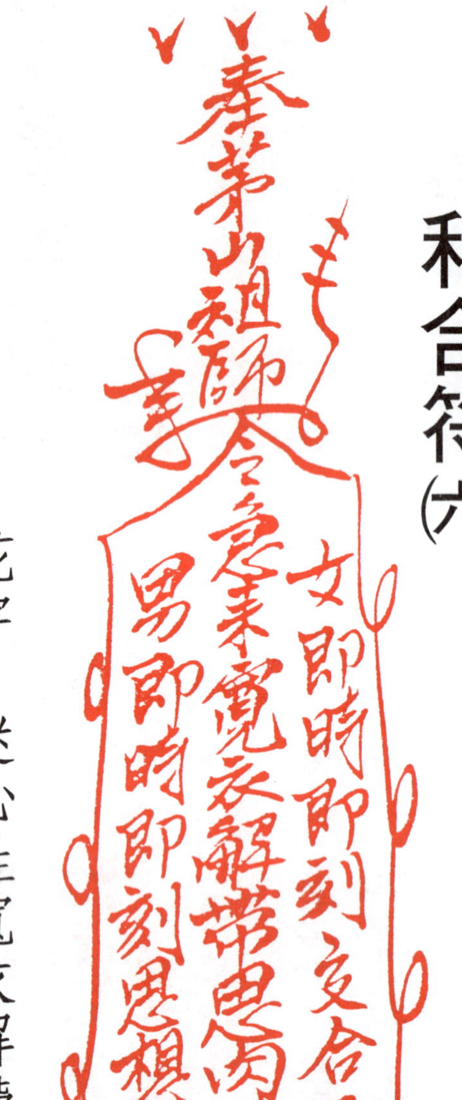
奉茅山祖師
女即時即刻交合不離身
男即時即刻思想來成親

花字：迷心性寬衣解帶來交合

用法：黃紙墨字，每天一道化飲，燒符並叫。。。速來。。。見面和合七次。

和合符㈦

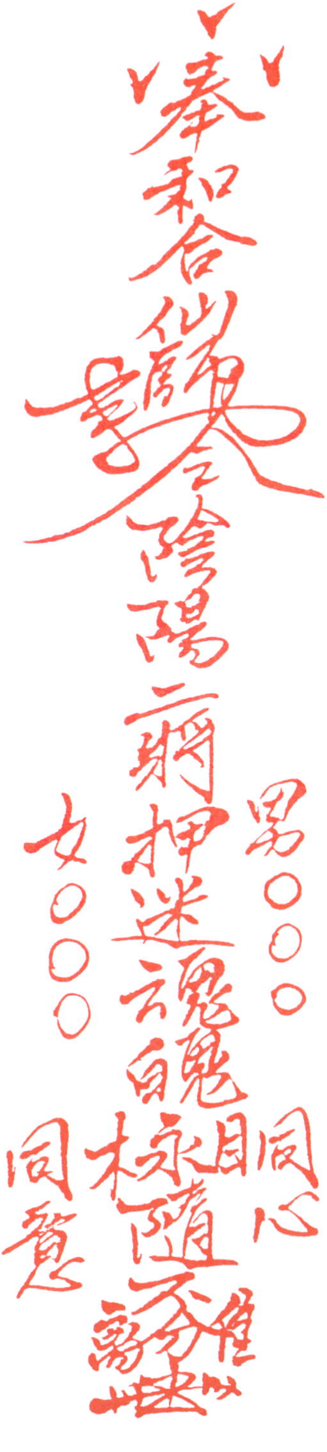

花字：和合仙師勅令

用法：黃紙墨字，每天一道化飲，燒符並叫。。。速來。。。見面和合七次。

和合符(八)

花字：：迷魂仙娘勅令

用法：：黃紙墨字，每天一道化飲，燒符並叫。。。速來。。。見面和合七次。

和合符(九)

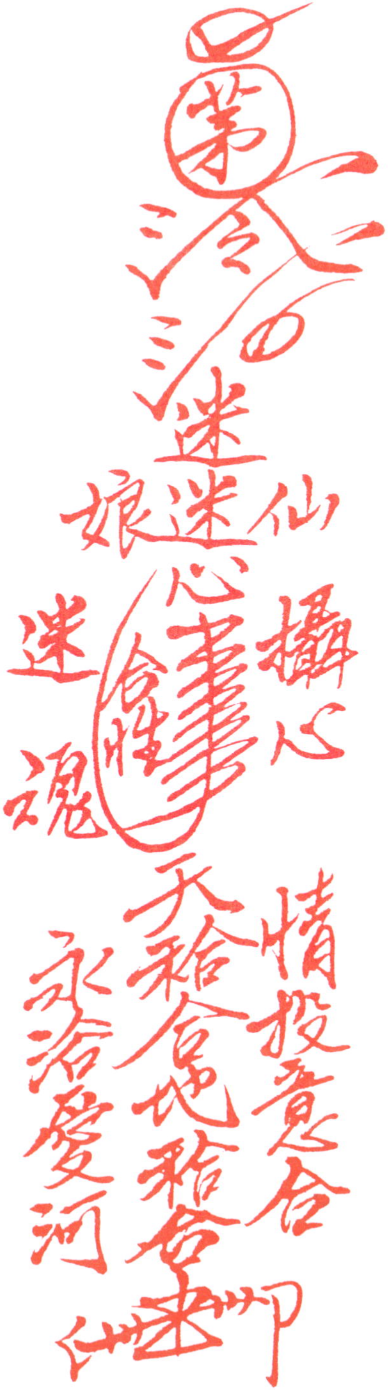

用法：黃紙墨字，每天一道化飲，燒符並叫。。。速來。。。見面和合七次。

和合符(十)

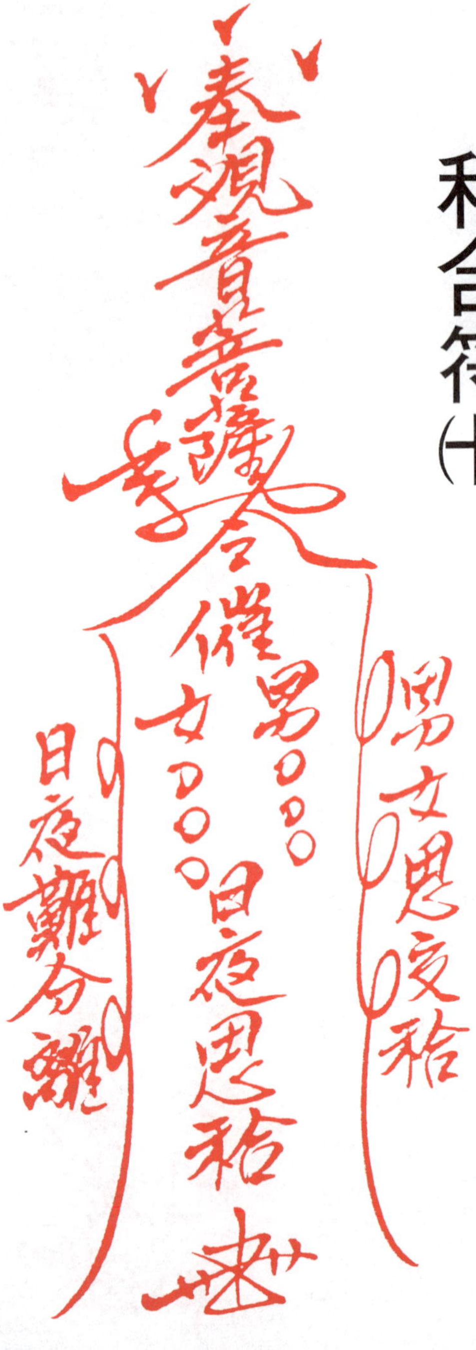

花字：押男女。。。思女男。。。日夜思想永不分

用法：黃紙墨字，每天一道化飲，燒符並叫。。。速來。。。見面和合七次。

和合符(士)

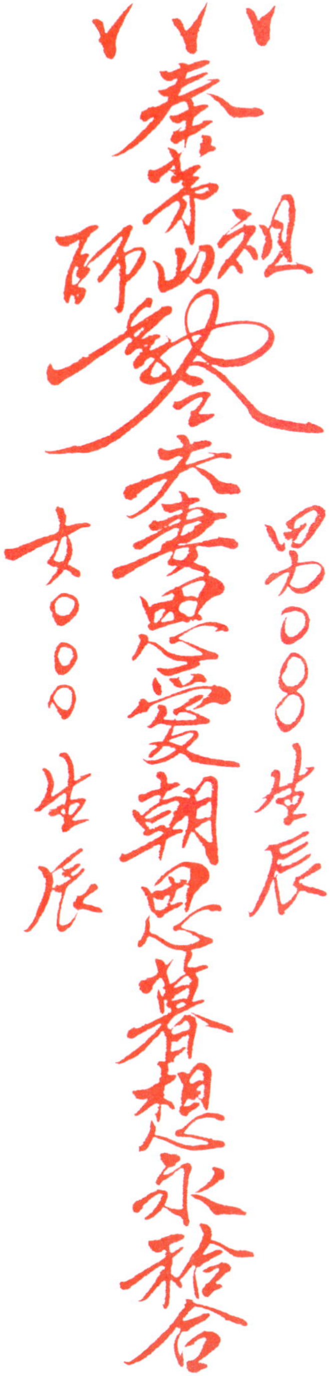

花字：茅山祖師勒令

用法：黃紙墨字，每天一道化飲，燒符並叫。。。速來。。。見面和合七次。

勸善和合符(十二)

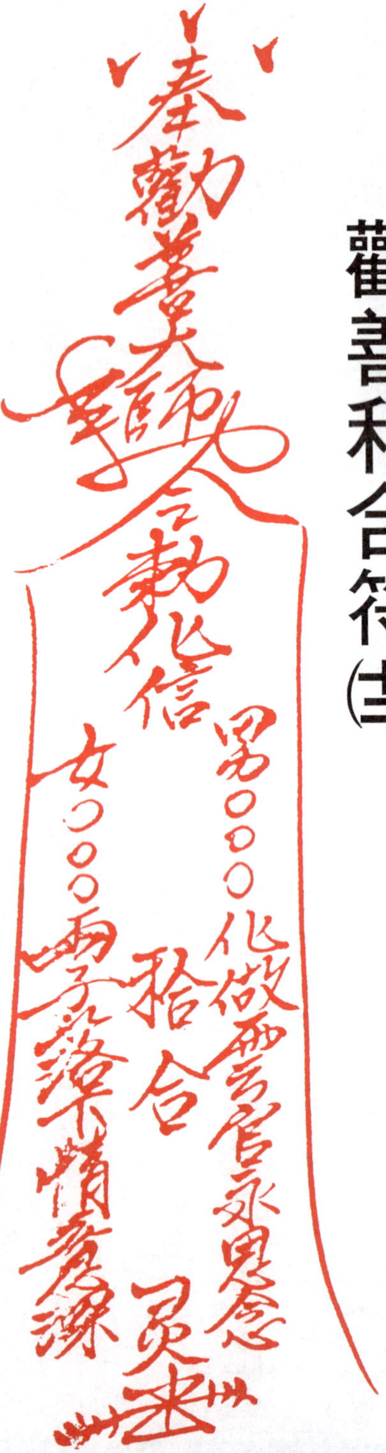

花字：勸善大師勅令

用法：黃紙墨字，每天一道化飲，燒符並叫。。。速來。。。見面和合七次。

和合符(十三)

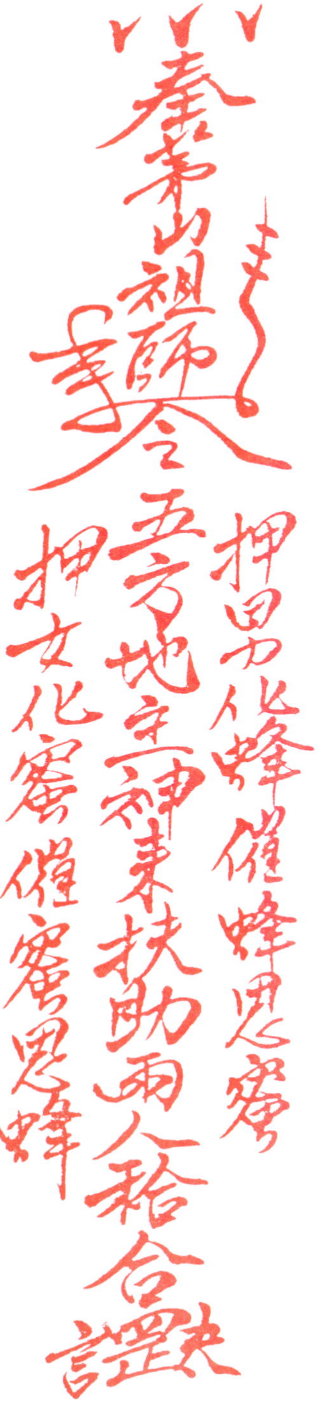

花字：：蜜思蜂、蜂採蜜、兩人交合日夜不分離

用法：：黃紙墨字，每天一道化飲，燒符並叫。。。速來。。。見面和合七次。

和合符（十四）

用法：：黃紙墨字，每天一道化飲，燒符並叫。。。速來。。。見面和合七次。

和合符（十五）

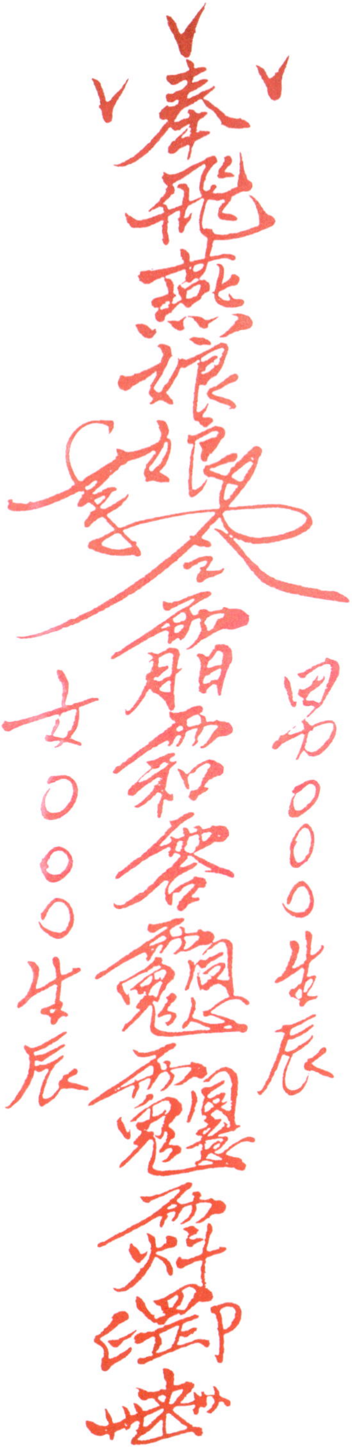

花字：飛燕娘娘敕令

用法：黃紙墨字，每天一道化飲，燒符並叫。。。速來。。。見面和合七次。

和合符(十六)

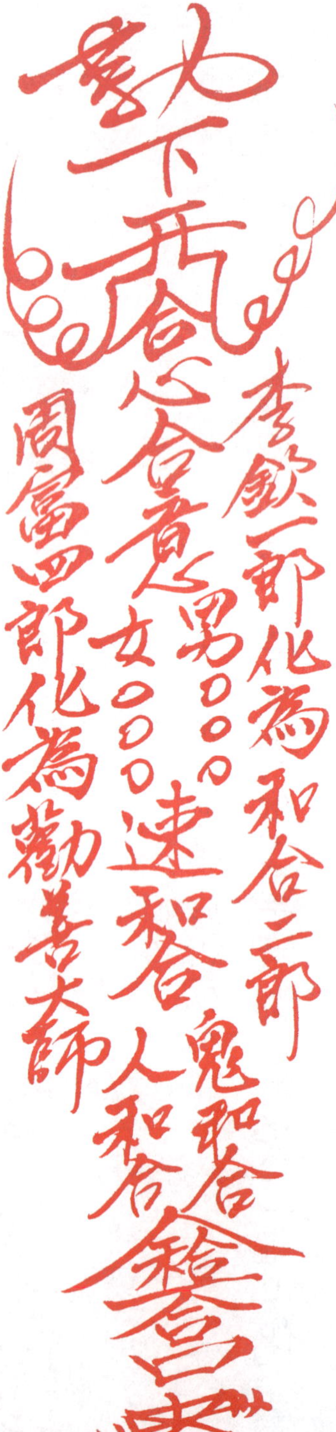

花字：茅山祖師勅令

用法：黃紙墨字，每天一道化飲，燒符並叫。。。速來。。。見面和合七次。

和合符(十七)

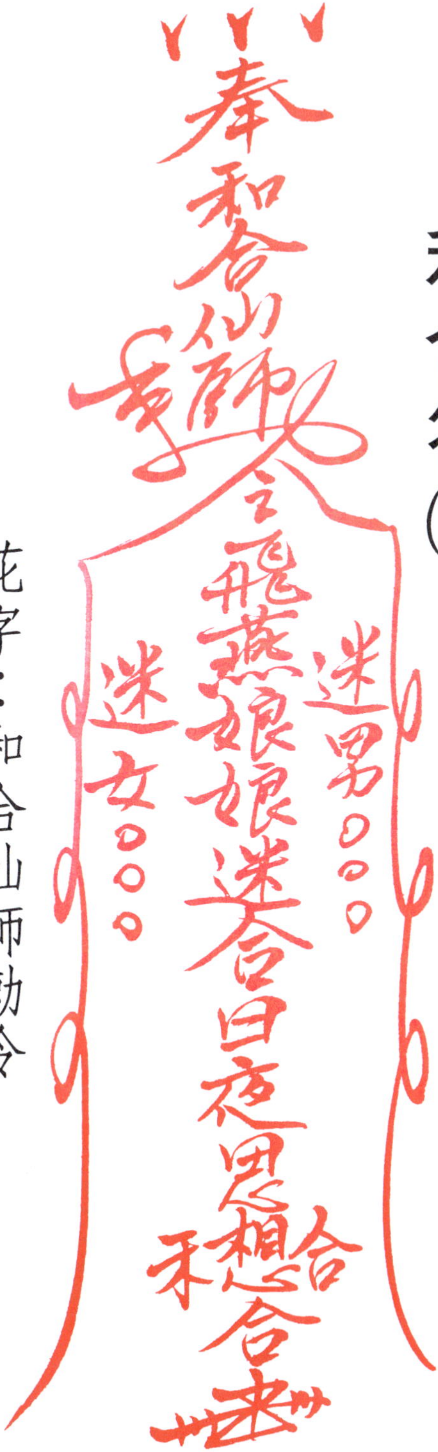

花字：和合仙師敕令

用法：黃紙墨字，每天一道化飲，燒符並叫。。。速來。。。見面和合七次。

天羅地網符

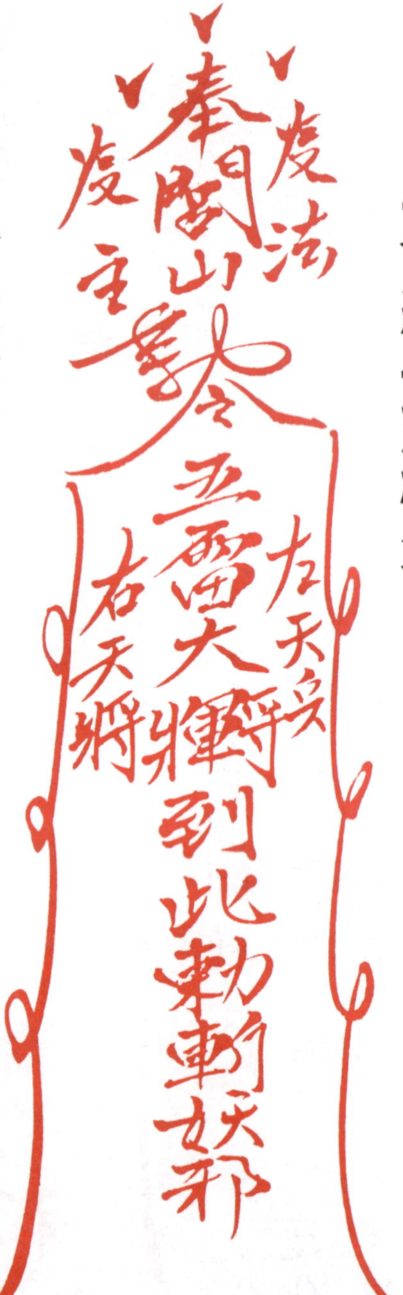

用途：天羅地網

用法：燒化

指法：八卦指

步罡：七星步

五雷斬邪符

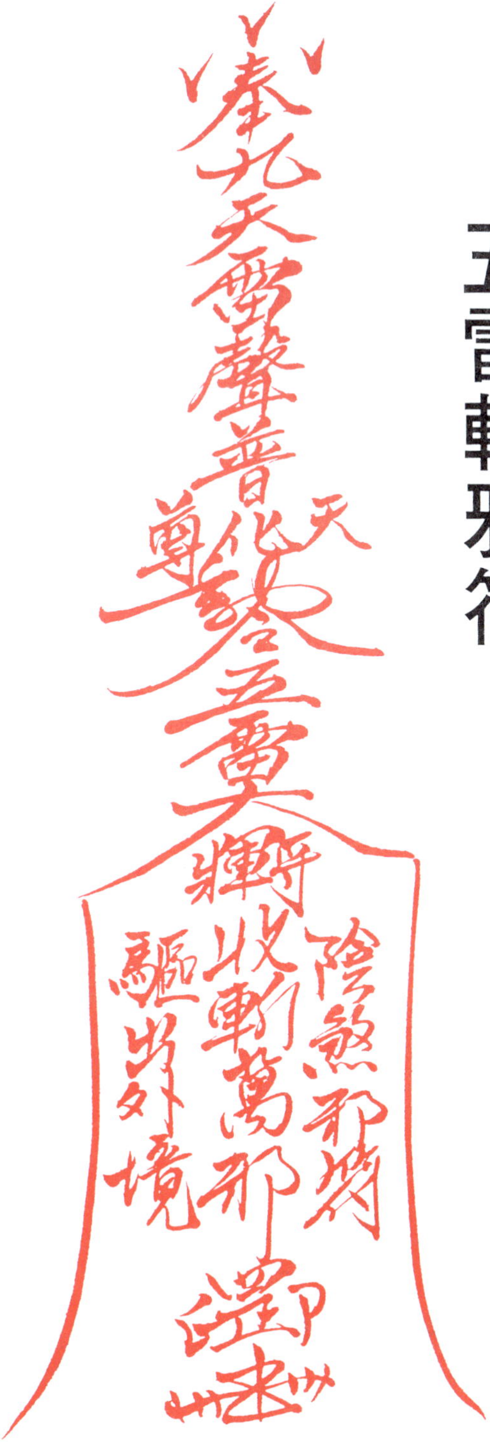

用法：一道用黃布或紅布書寫擇除日或破日安在門上，一道黃紙硃字帶身。

北斗延壽驅邪符

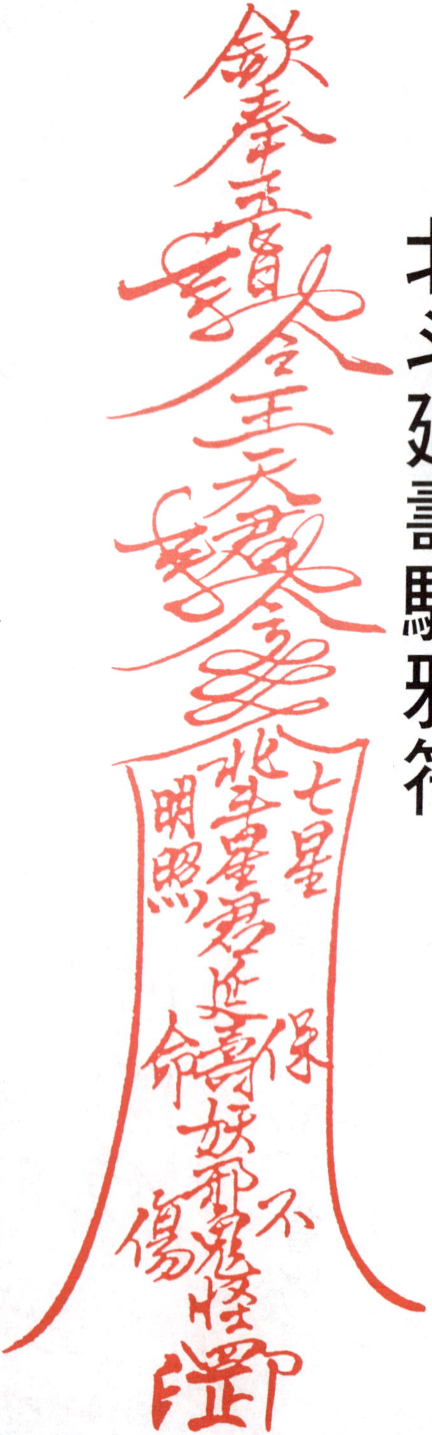

用法：一次二道，一道配合七星延壽大法，或閭山延壽大法，貼在法壇燈上，另一道帶身。

斬亡魂符

用法：黃紙黑字加壽金在午時以後燒化門外，連續七天即可，咒語用五雷咒或八卦咒七次。

蔴煞符

用法：：黃紙硃字，一道帶身，另一道化陰陽水洗，用清淨咒或驅邪咒。

應用咒語

盤古咒

謹請盤古大帝王，顯赫遊行如車輪，青面獠牙，三頭六耳，六臂六符盤古帶領楊州兵馬，楊二郎神君，統雄兵卅六萬，驅邪食鬼斬妖治怪，追出外方，出走他方去，天地人三皇勅令，神兵火急如律令。

五雷神咒

拜請五雷五方五雷大將軍，身倚雲頭出遊行，身受九天玉皇大帝勅，勅起五雷帶烏令，身帶烏令管萬兵，騰雲駕霧飛天下地，驅邪縛鬼斬妖精，一聲五雷連響出山崩地裂鬼神驚，追收凶神惡煞盡滅亡，神兵火急如律令。

敕鹽米

謹請聖賢教主，八大神將，楊公仙師，九天玄女仙師敕賜鹽米入堂中，押出五方凶神惡煞，土神木煞，奉押煞，追出家中，白米變作白面將軍，鹽米化作飛山走石大將軍，將軍降臨家中，為吾押出二十四山五方凶神惡煞，追出急急走無蹤，吾奉九天玄女仙師敕，急急如律令。

打鹽米咒

一打東方甲乙木，木神木煞歸東方，二打南方丙丁火，火神火煞歸南方，三打四方庚辛金，金神七煞歸西方，四打北方壬癸水，水神水煞歸北方，五打中央戊己土，土神土煞出外方，天煞歸天去，地煞歸地藏，打起凶神惡煞出外方，神兵火急如律令。

起煞咒

奉請三清上帝，三皇五帝吾請吾帝，令吾追陰煞，天煞當天去，地煞地當滅，年煞，月煞，日煞，時煞，陰煞驅除一百二十四山凶神惡煞盡皆迴避，逢凶轉成吉，放過惟神，並制諸神惡煞不得動作，吾奉太上老君勅，神兵火急如律令。

哪吒咒

拜請三十三天大都元帥，統領天兵下瑤台，金鎗抽起天門開，繡球拋出五路來，頭戴日月為乾坤，腳踏七星風火輪，閻羅殿前化蓮花，向化聖者來奉明，飛砂走石通天門，百萬兵馬兩邊排，自童化開枝能在，三歲郎君朝北斗百萬兵馬隨吾來，弟子一心專拜請，中壇元帥降臨來，神兵火急如律令，急急如律令。

洪山斷鬼符

用法：凡被鬼魅陰鬼入內作怪時，此符以黃紙硃字書寫化在門口即可。

洪公除邪符

用法：凡被鬼魅陰鬼入內作怪時，此符以黃紙硃字書寫化在門口即可。

行吉符

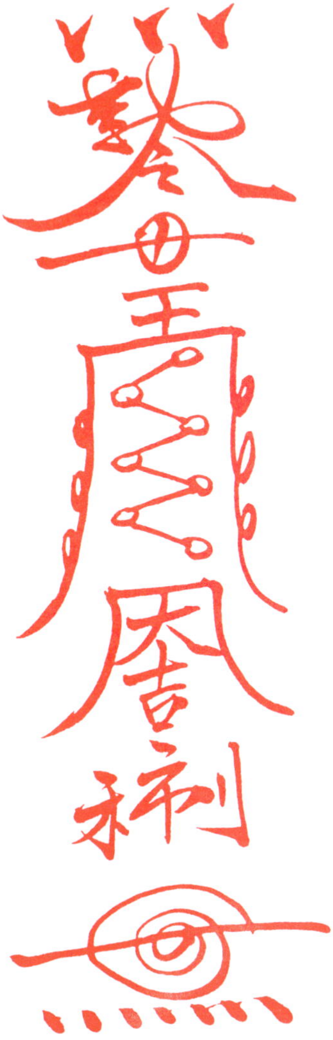

用法：此符黃紙硃字，擇吉日出門帶身，或凶日出門帶身可保百無禁忌。

化兵家符

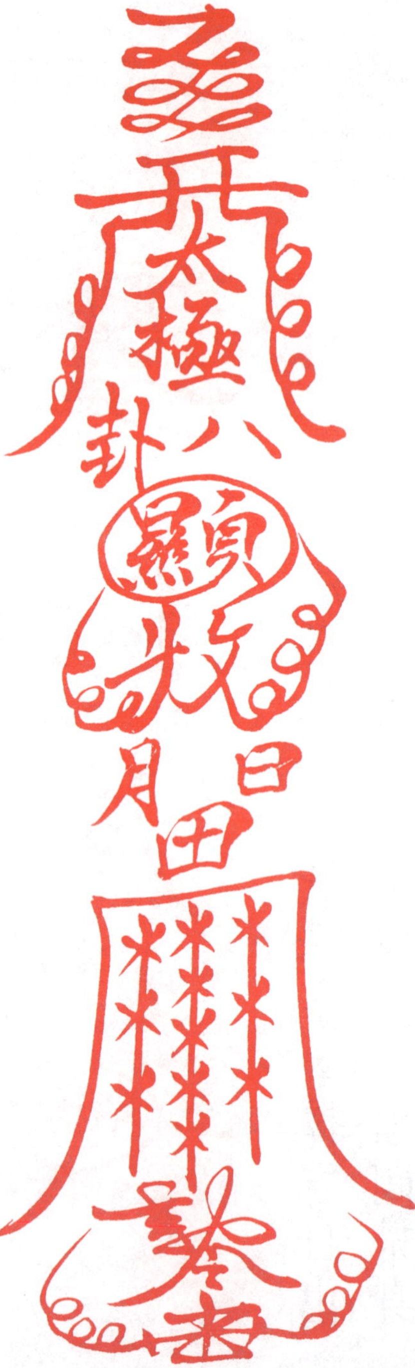

用法：：請神調兵用，符以黃紙硃字，加壽金，化在門口或壇前。

八卦除魔大法除魔符(一)

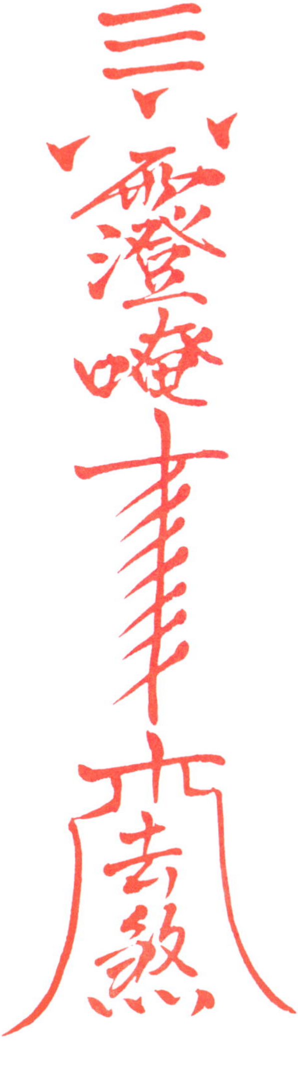

用法：：黃紙紅字咒七遍，左雷右劍，符加配八卦轉移靈法，的符一起燒化門口可有雙重效果。

除魔符(二)

用法：黃紙紅字咒七遍，左雷右劍，符加配八卦轉移靈法，的符一起燒化門口可有雙重效果。

除魔符(三)

用法：黃紙紅字咒七遍，左雷右劍，符加配八卦轉移靈法，的符一起燒化門口可有雙重效果。

除魔符(四)

用法：黃紙紅字咒七遍，左雷右劍，符加配八卦轉移靈法，的符一起燒化門口可有雙重效果。

除魔符(五)

用法：：黃紙紅字咒七遍，左雷右劍，符加配八卦轉移靈法，的符一起燒化門口可有雙重效果。

除魔符㈥

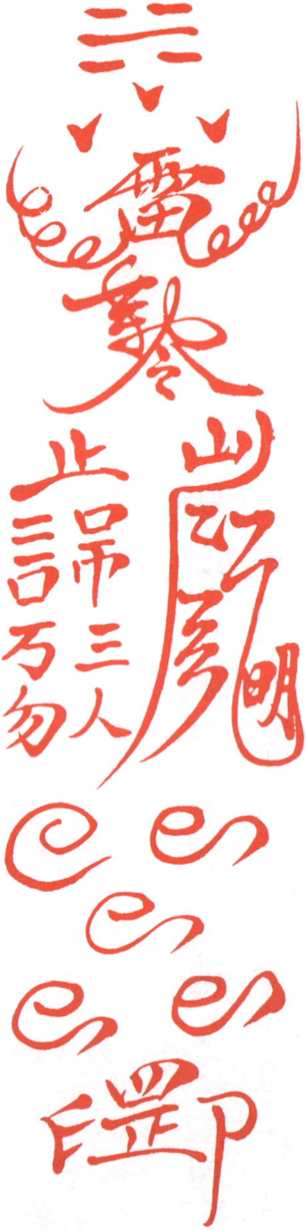

用法：黃紙紅字咒七遍，左雷右劍，符加配八卦轉移靈法，的符一起燒化門口可有雙重效果。

除魔符(七)

用法：黃紙紅字咒七遍，左雷右劍，符加配八卦轉移靈法，的符一起燒化門口可有雙重效果。

除魔符(八)

用法：：黃紙紅字咒七遍，左雷右劍，符加配八卦轉移靈法，的符一起燒化門口可有雙重效果。

普菴押煞符式

用法：本符乃作法安鎮送煞出外，黃紙硃字。

破邪符

用法：凡犯有陰邪侵害，凡事不順時，黃紙硃字化飲。

驅蟲滅蟻符

咒語：天清地靈、吾符在此、蟲蟻速滅亡、火速奉行急急如律令。

用法：凡有蟲蟻，侵它時將此符用雄黃粉加米酒書寫燒化在蟲較多之處。

收百煞符

用法：此符黃紙黑字，犯煞化火在犯者頭上轉三圈。

押煞符

用法：此符黃紙黑字，犯煞化火在犯者頭上轉三圈。

收捉不正神符

用法：凡有不正神，作怪時符用黃紙硃字書寫後燒化門口。

灶君咒

謹請司命灶君公，三日上天奉玉皇，
玉皇勅事吾下降，降察人間保平安，
吾受玉皇勅，弟子一心專拜請，
司命灶君親降臨，神兵火急如律令。

安灶君符

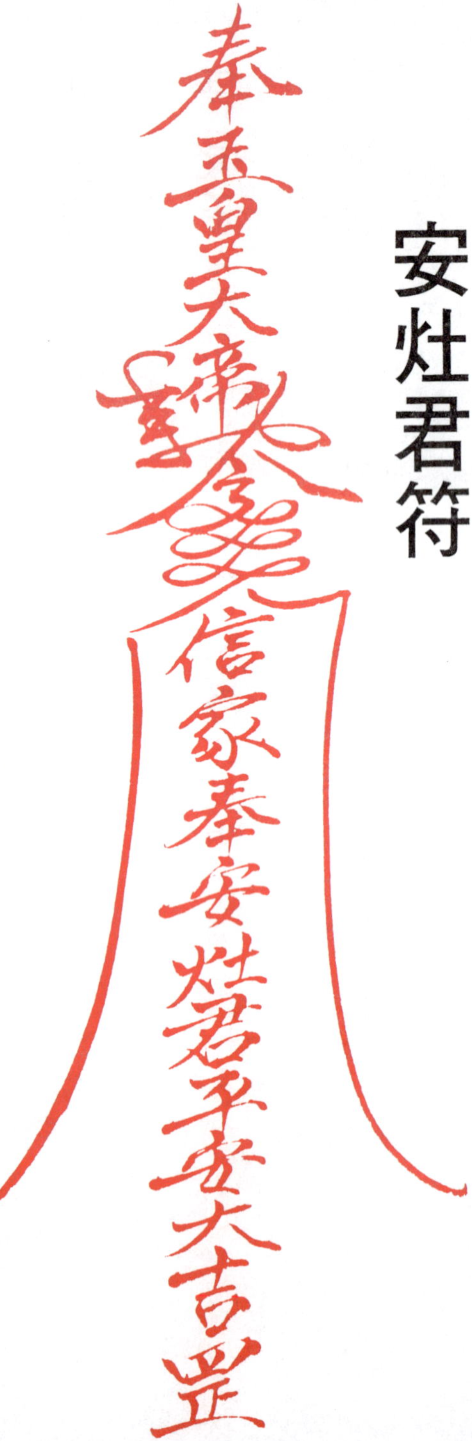

用法：凡家中灶君不安，或正月初四日接補日，安灶時用黃紙墨書本符貼在灶君旁。

太乙平安符

用法：凡家中不順時可用本符黃紙硃字，貼門上。

五雷咒

天上五雷令　地下五雷行　吾令施大法

乾坤轉移行　若人來侵害　五雷打回去

吾今永無災　神兵火急如律令

咒語念四十九遍

五雷乾坤大法(一)

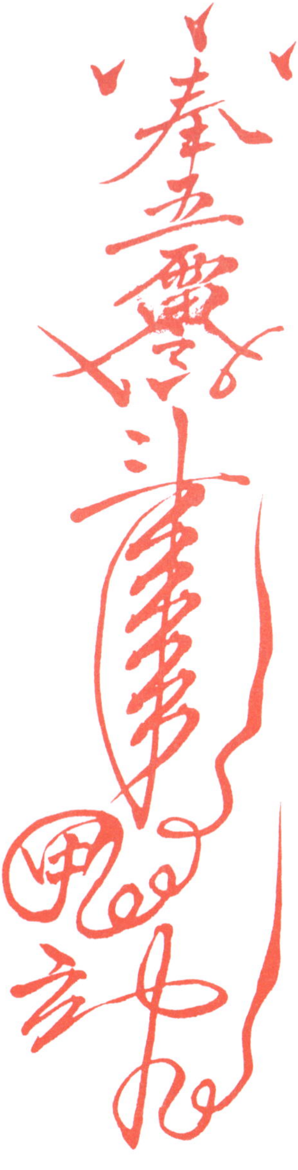

用法：凡家中灶君不安，或正月初四日接補日，安灶時用黃紙墨書本符貼在灶君旁。

五雷乾坤大法(二)

符(一)用黃紙黑字書之向外燒在門外即可

符(二)用黃紙紅字書之貼在窗户上或門上

五雷斬鬼符

用法：此符黃紙黑字避邪煞斬鬼
加壽金化燒門

制天兵符

用法：開壇請神用，黃紙硃字加壽金燒化門口。

老祖斬邪符

用法：斬邪符時，安在大門上即可，黃紙硃字。

藏魂符

用法：凡人運途不順時，將此符化在杯中後，再用紅布蓋住即可。

聖母除邪符

用法：驅邪治惡鬼邪時，用黃紙硃字擇吉日，安大門上即可。

六甲保身符

用法：凡運途不佳時，可用本符黃紙硃字書寫帶身，可保事事順利。

玄女符

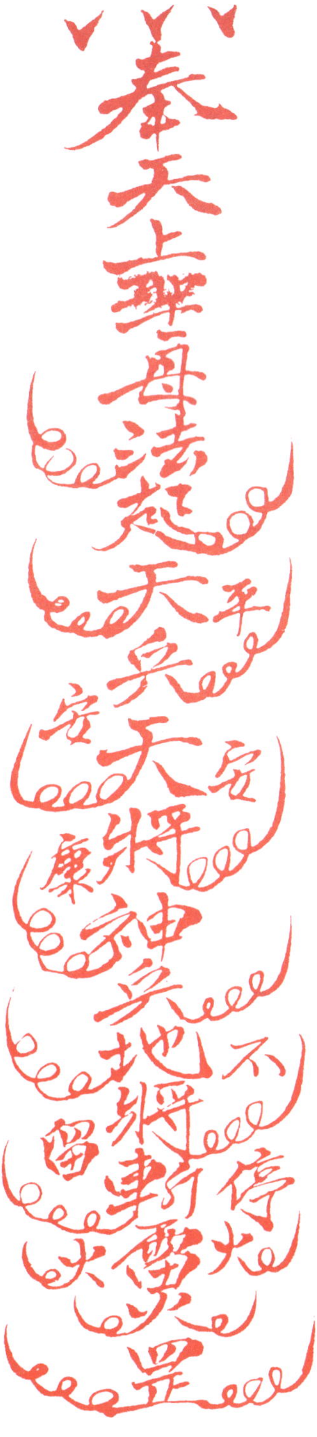

用法：此乃九天女扶身保命符，凡人不順，運途不佳時，可用此符黃紙硃字帶身即可。

寒熱符

用法：凡寒熱不退者，可用本符，加唸雪山咒七遍，用陰陽水，化飲。

五雷斬煞符

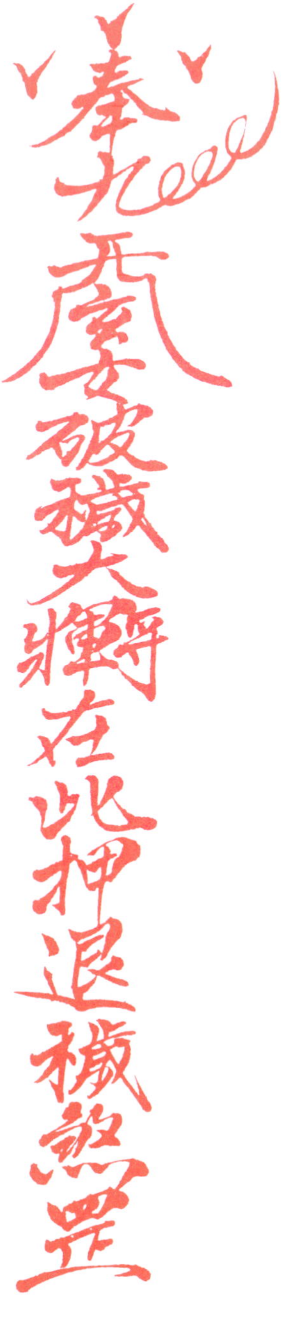

用法：凡有陰煞侵害，平地起風波須慎防災憂，將此符黃紙硃字帶身即可

七星保命符

用法：凡運途不順時，可用此符配合本門之七星富貴長命大法，使用即可。

退病符

用法：凡運途不順時，可用此符配合本門之七星富貴長命大法，使用即可。

犯邪治狂言亂語符

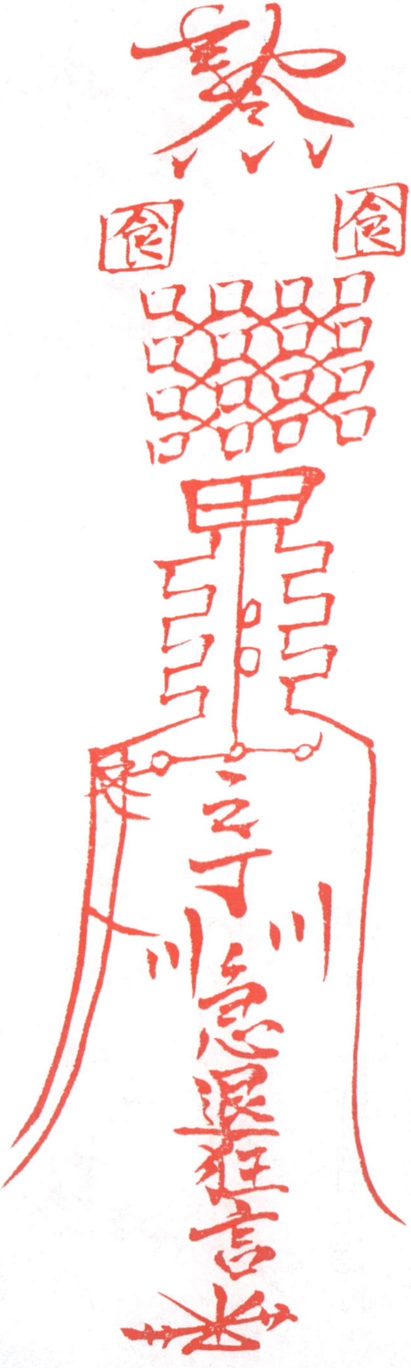

用法：犯邪治狂言亂語，黃紙硃字，化陰陽水飲。

治怪風陰症

用法：凡有犯陰症，醫生查無病疼者，可以用本符黃紙硃字，書寫化飲。

治陰症符

用法：凡犯有陰症不順時，符黃紙墨書，化陰陽水洗。

治瘟疫符

九鳳符

用法：此符家裏不順常有怪異時可用本符用陰陽水噴灑在家裏四週即可

驅惡犬咒

拜請金木水火土，老君來求勅，為吾請飛虎，祖師治犬，本師治犬，先人治犬，玉女治犬，七祖先師治犬，吾上飛虎背，吾奉請飛虎無停時，吾請飛虎風，犬口見吾面前不能吠，太上老君勅，神兵火急如律令。

似劍指寫虎三遍於掌中咒三遍指印打狗身

著妖邪安宅符

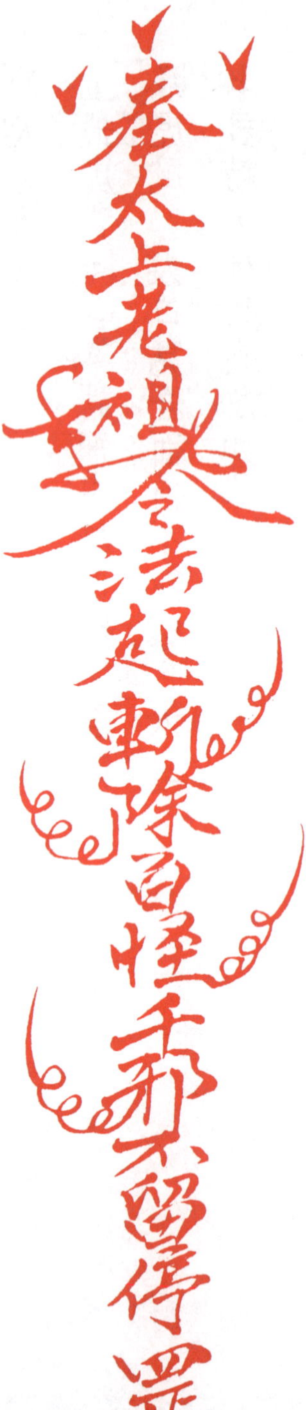

用法：凡有犯邪煞時用黃紙硃字
書寫把本符安在門上即可

伏魔符

用法：凡被放符時，可用本符加壽金燒化門外。

三光押煞符

用法：凡被放符時，可用本符加壽金燒化門外。

鎮夢不祥符

用法：凡惡夢連連、及常作不祥惡夢，可用本符一道化飲，一道放在床頭上睡即可。

破穢押煞符

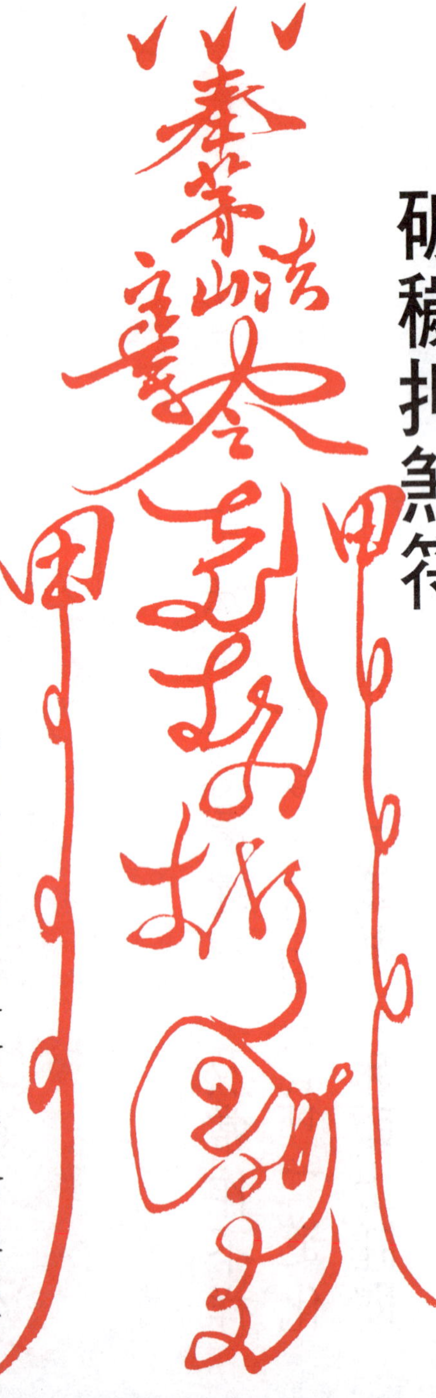

用法：凡被邪師放陰兵陰將害人，可用本符黃紙硃字，化欽或加壽金燒化門外即可。

收陰怪符(一)

用法：凡有房屋、店有犯凶神惡煞作怪時，可用此符黃紙硃字，用壽金一千燒化門外祭送即可。

收陰怪符(二)

用法：凡有房屋、店有犯凶神惡煞作怪時，可用此符黃紙硃字，用壽金一千燒化門外祭送即可。

鎮宅大符

用法：凡厝宅不安或有邪符侵犯者可黃布書寫擇吉安在門上。

護身咒

志心皈命禮，奪氣金開，各顯神通，吾心變化為空，世研佛法，起身弟子得勝，手扶刀槍，廿四位自天佛薩，佛薩，麾海薩麾海薩，南無佛，南無法，佛有恩，朝唸觀世音，暮唸觀世音，唸唸從心起，唸佛不離身，天羅神，一切災殃化為塵，神兵火急如律令。

（持誦密咒，恒久唸之，可押煞驅邪，增靈力護身等，無形中化消一切災難效果神驗）

鎮煞符

用法：以紅紙黑字，此符須貼於宅中客廳，神案旁，或貼門上，本符為凶神惡煞，邪魔鬼魅，此符有此功效。

催胎符

用法：以白色符紙，黑墨書符，本符須佩帶於身上，具有生產順利，母子平安之作用。

通神符(一)

用途：通神符

用法：化在金爐中

指法：通神指

步罡：七星步

通神符(二)

用途：通神符

用法：化在金爐中

指法：通神指

步罡：七星步

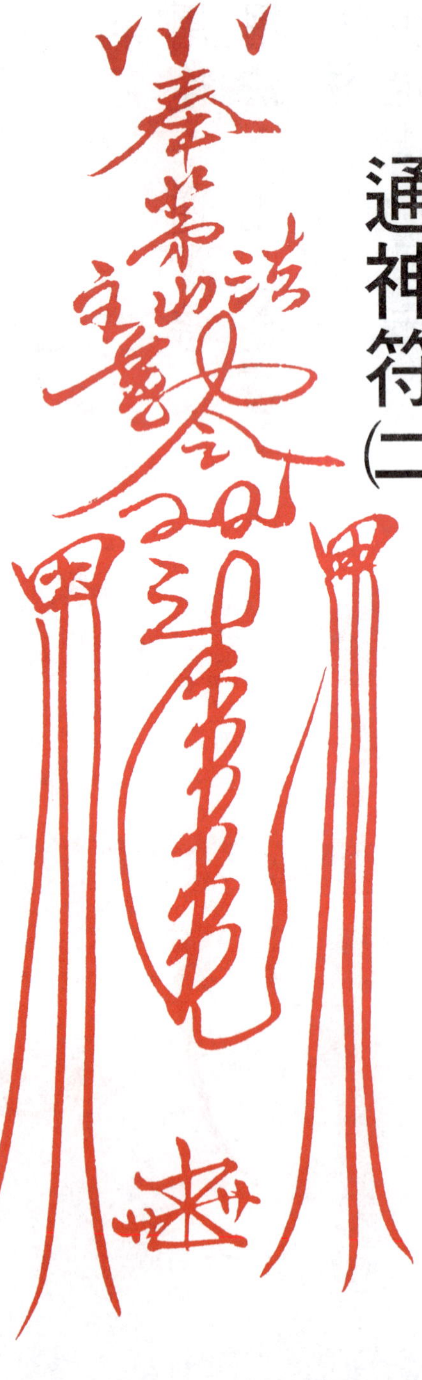

花：△△神速降

天羅地網符(一)

用途：天羅地網

用法：燒化

指法：八卦指

步罡：七星步

天羅地網符(二)

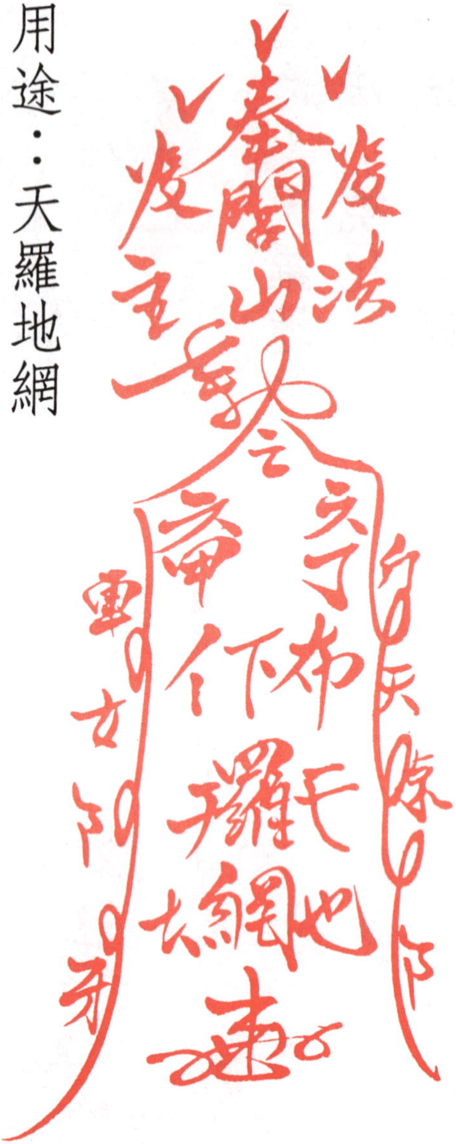

用途：天羅地網
用法：燒化
指法：八卦指
步罡：七星步

治百病符(一)

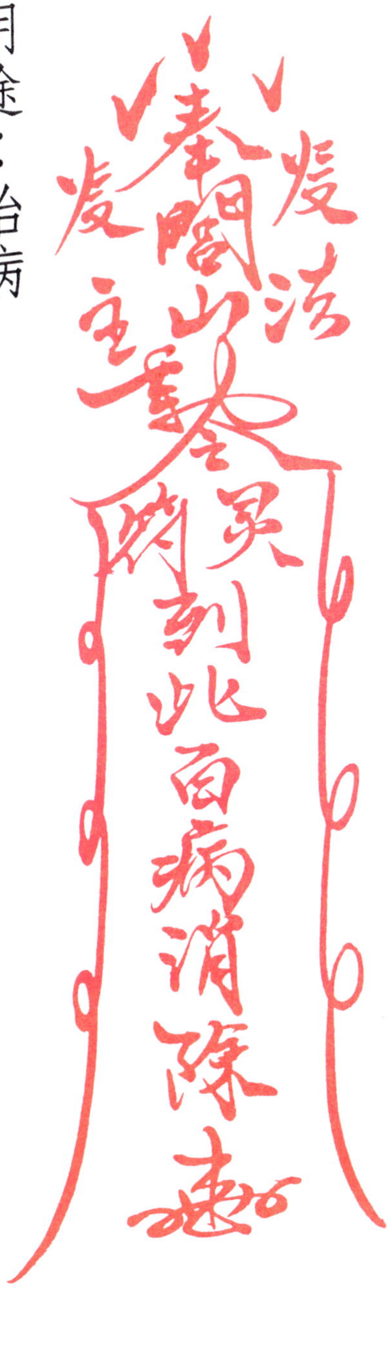

用途：治病

用法：燒化

指法：通玄指

步罡：七星步

治百病符(二)

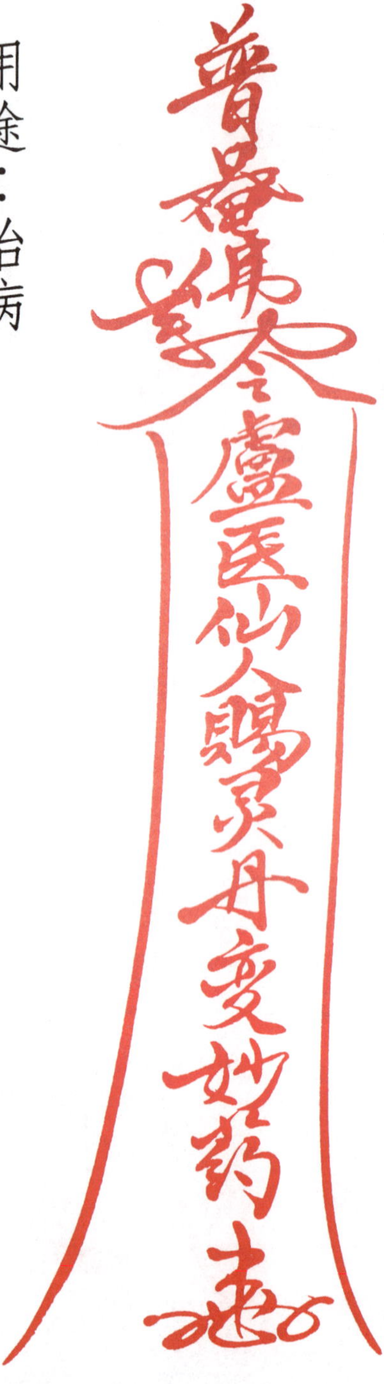

用途：治病

用法：燒化

指法：通玄指

步罡：七星步

説服人心符

用途：說服人心
用法：燒化化食
指法：八卦指
步罡：七星步

心服符

用途：心服

用法：燒化

指法：八卦指

步罡：七星步

治頭痛符

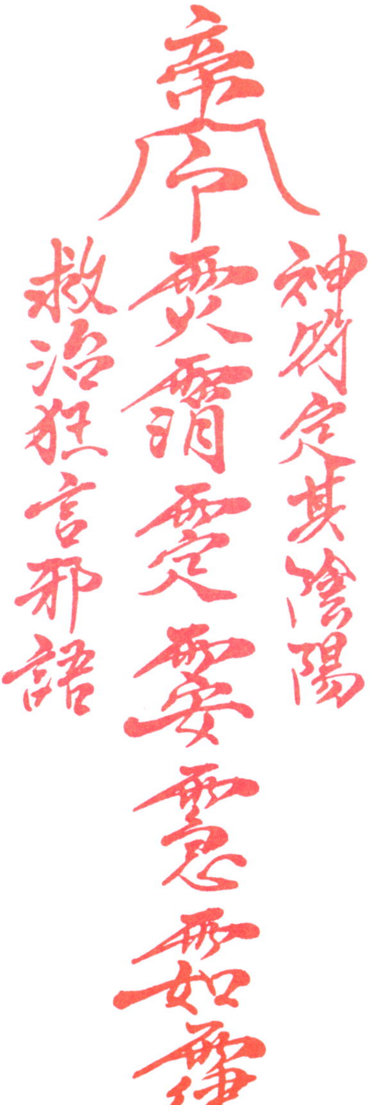

花字：普菴佛勅令

用法：凡頭痛不舒服，化陰陽水，符黃紙硃字。

退病符

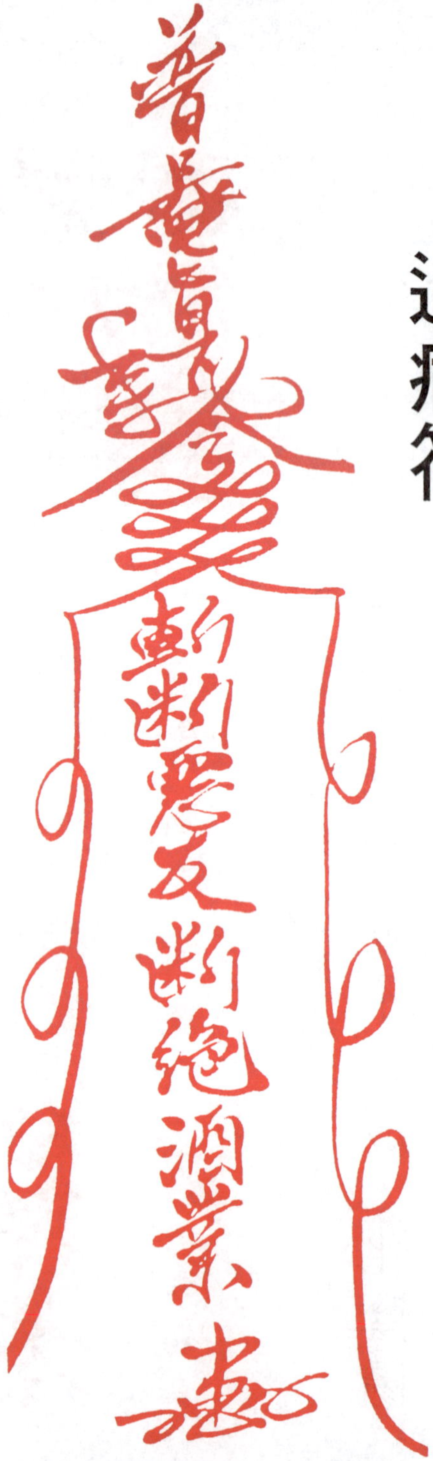

花字：如來佛祖勒令

用法：凡頭痛不舒服，化陰陽水，符黃紙硃字。

閭山斷酒符(一)

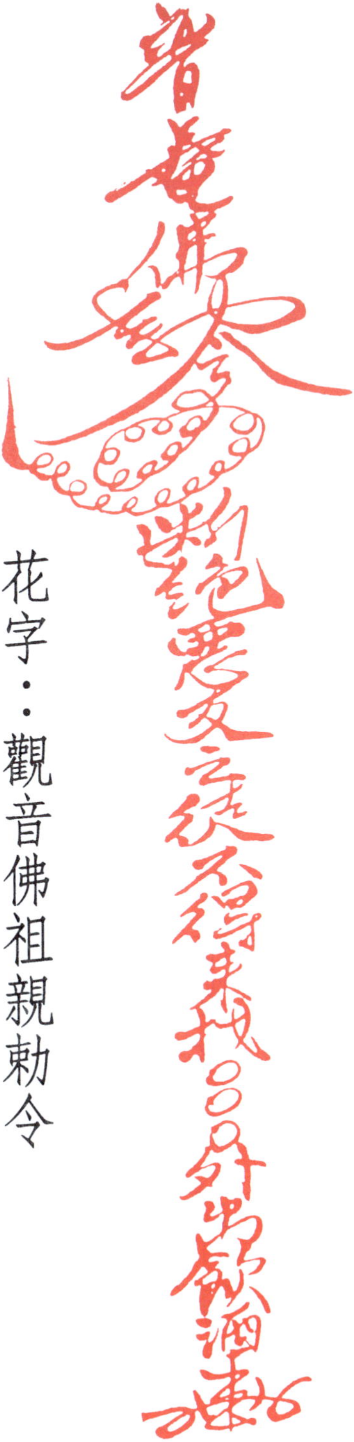

花字：觀音佛祖親勅令

用法：子時黃紙墨書，本符每一天化飲或燒化，取符水放酒內，不宜人知，否則無效。

閭山斷酒符㈡

花字：：普唵古佛勅令訣

用法：：子時黃紙墨書，本符每一天化飲或燒化，取符水放酒內，不宜人知，否則無效。

閭山斷酒符㈢

用法：子時黃紙墨書，本符每一天化飲或燒化，取符水放酒內，不宜人知，否則無效。

閭山斷酒符㈣

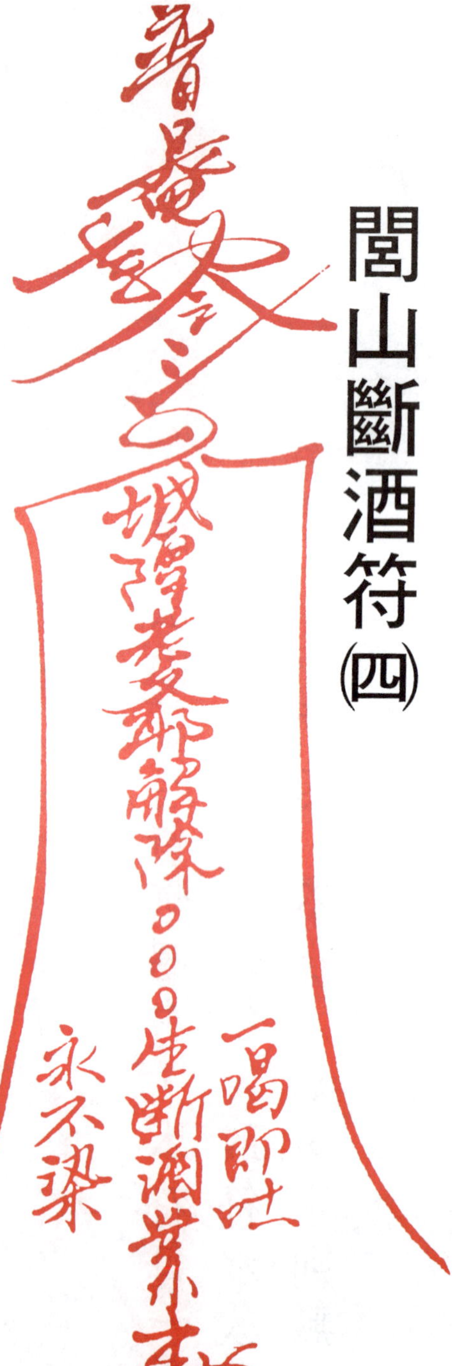

用法：：子時黃紙墨書，本符每一天化飲或燒化，取符水放酒內，不宜人知，否則無效。

閭山斷酒符(五)

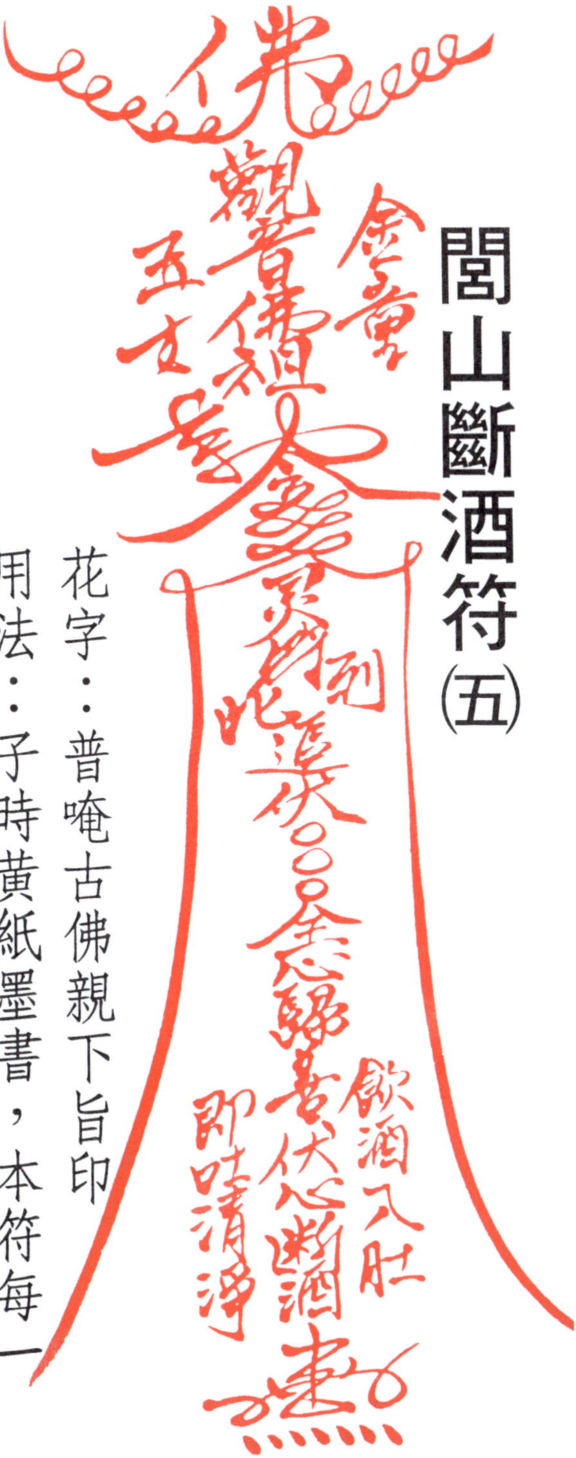

花字：普唵古佛親下旨印

用法：子時黃紙墨書，本符每一天化飲或燒化，取符水放酒內，不宜人知，否則無效。

斷酒咒(一)

天清、地靈、焚香奉請通請衆神，寶香三炷，來召請，召請觀音佛祖，普唵古佛，三十六營，五方土地，到此押斷。。。見酒驚，見酒吐，一心一意向善，顧家庭，急急如律令。

斷酒咒(二)

拜請此間土地，神祇最靈，今有法家，壇中請，飛雲走馬到來臨，。。。平日飲酒交往惡友，不顧家庭，奉請斷絕。。。斷絕酒業，見酒驚，見酒吐，吾奉普唵古佛法旨，勅下靈符，解除今生所帶飲酒惡性，一一消除，急急如律令

勅符咒

謹請閭山門下來，閭山門下勅符三師三童子，閭山門下勅符三師三童郎，符令，請到觀音佛祖三十六營猛將，五方土地，列位諸到押伏。。。。一心一意，善伏斷酒，見酒驚，聞酒吐，押伏從此不敢飲酒一心一意顧家庭，靈文徒，靈文法，吾奉閭山法主勅急急如律令

戒賭符(一)

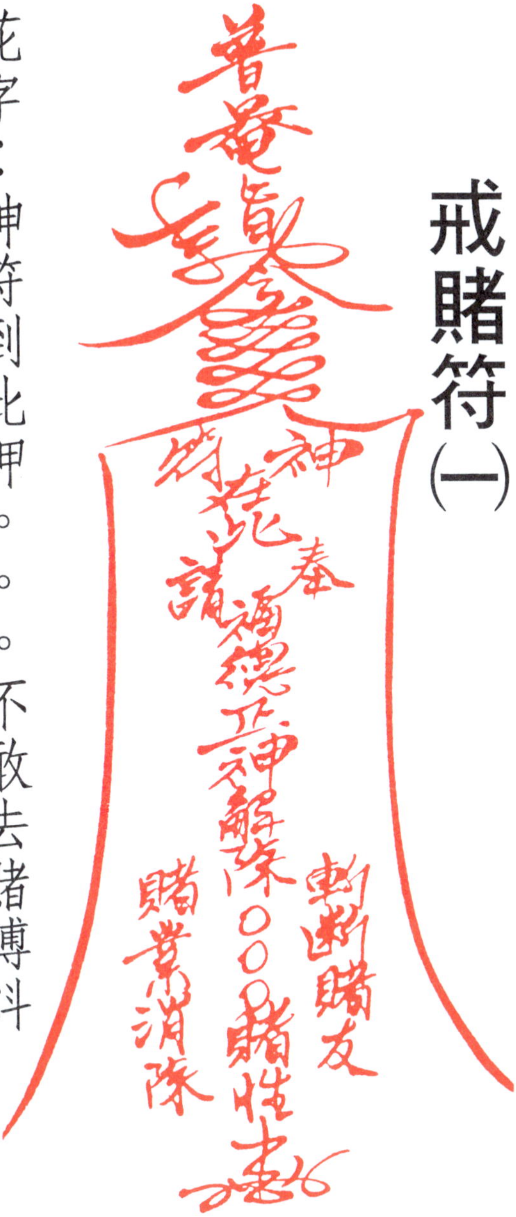

花字：：神符到此押。。。不敢去賭博料

用法：：午時書本符，黃紙硃字，化飲或燒化，觀音廟，土地公廟，城隍廟燒化，並求廟主神幫忙令。。。早日戒賭。每天一道。

戒賭符(二)

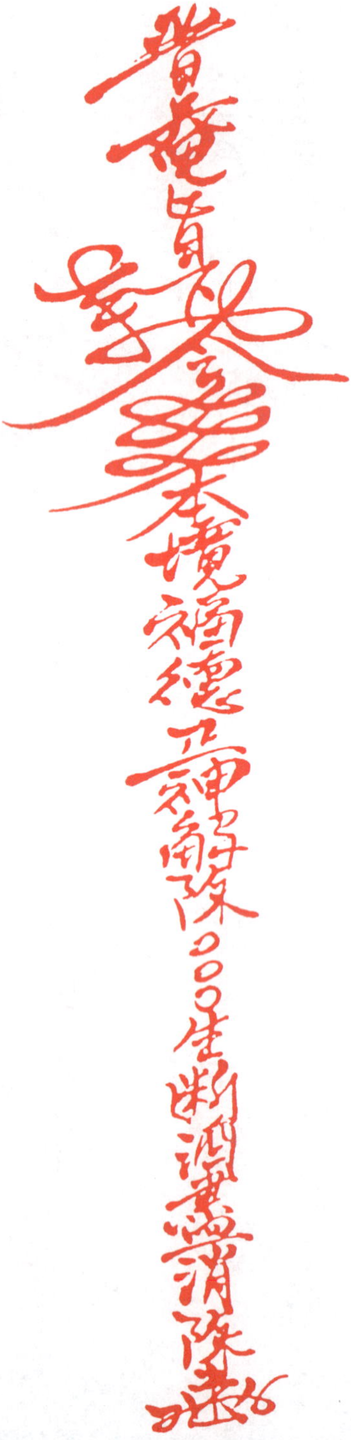

用法：：午時書本符，黃紙硃字，化飲或燒化，觀音廟，土地公廟，城隍廟燒化，並求廟主神幫忙令。。。早日戒賭。每天一道。

戒賭符(三)

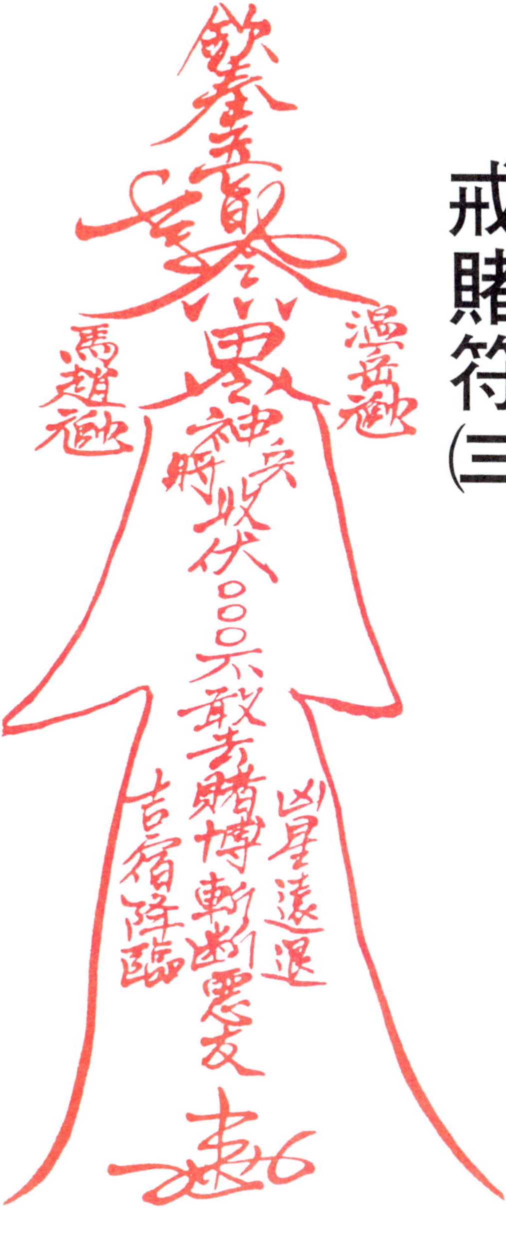

用法：午時書本符，黃紙硃字，化飲或燒化，觀音廟，土地公廟，城隍廟燒化，並求廟主神幫忙令。。。早日戒賭。每天一道。

戒賭符㈣

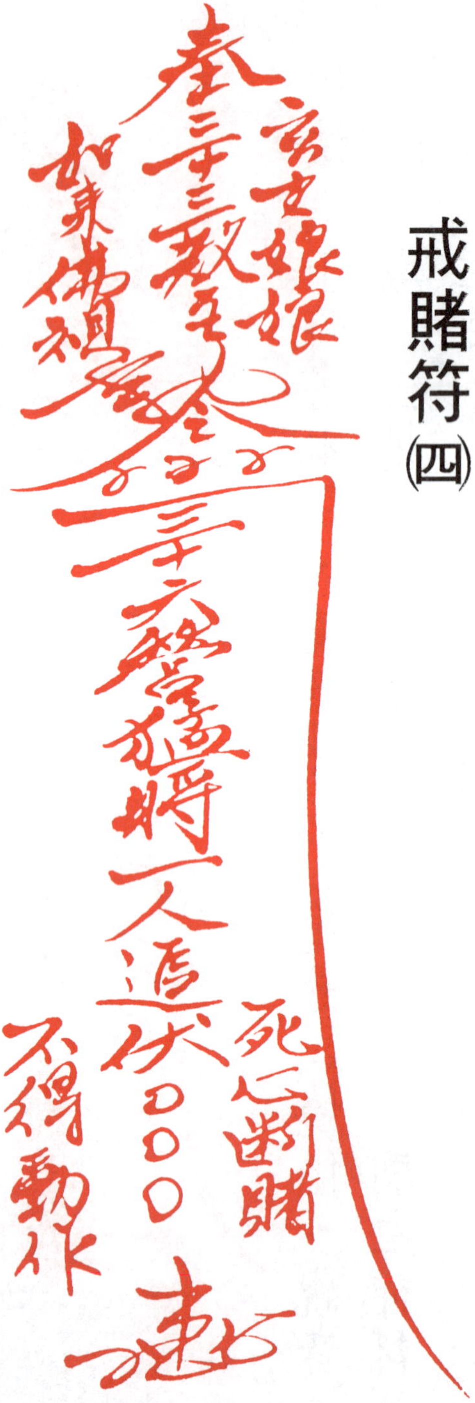

用法：午時書本符，黃紙硃字，化飲或燒化，觀音廟，土地公廟，城隍廟燒化，並求廟主神幫忙令。。。早日戒賭。每天一道。

戒賭符(五)

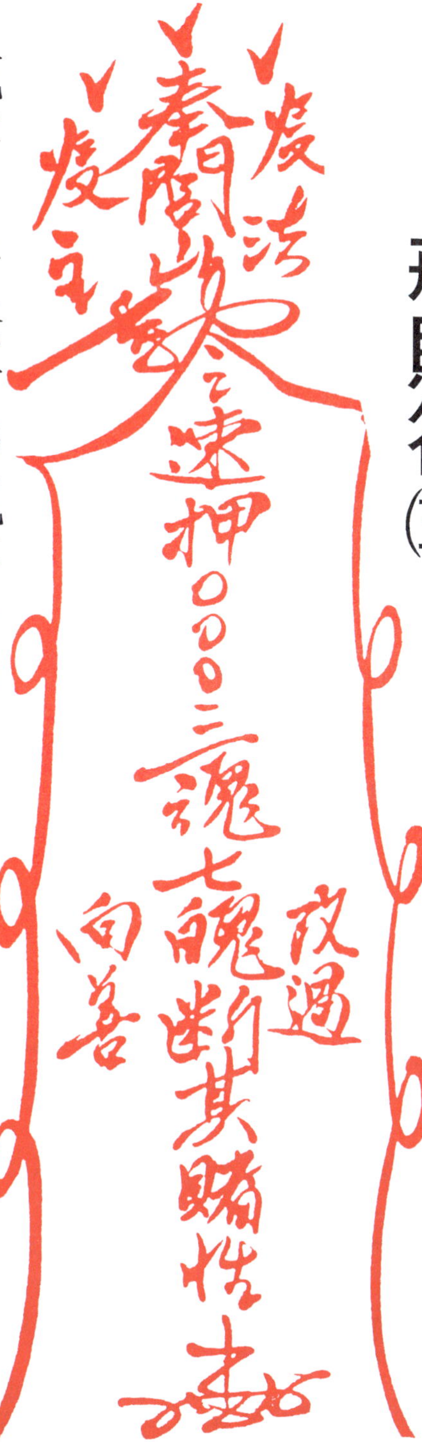

花字：：普唵古佛親下旨印

用法：：午時書本符，黃紙硃字，化飲或燒化，觀音廟，土地公廟，城隍廟燒化，並求廟主神幫忙令。。。早日戒賭。每天一道。

戒賭符(六)

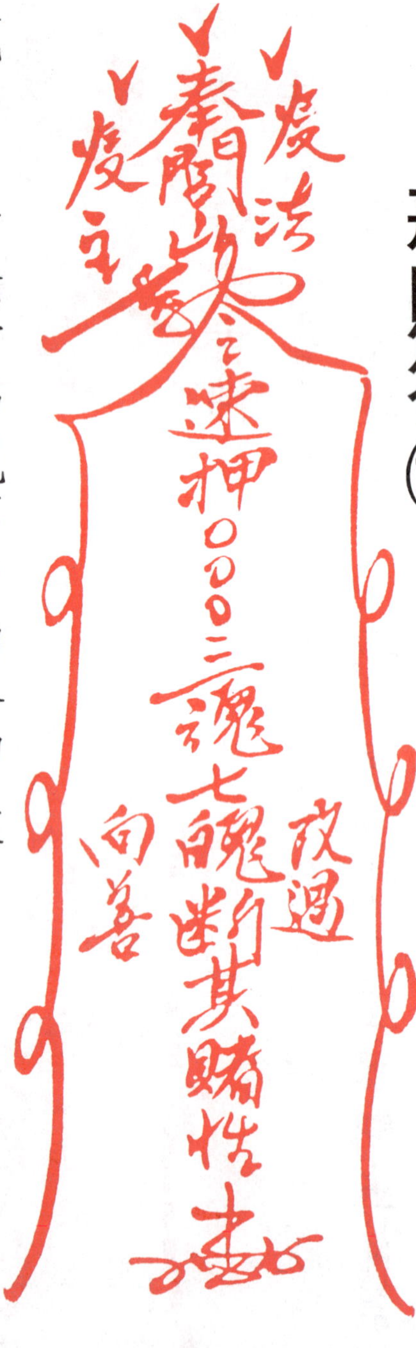

花字：：普唵古佛親下旨勅令押伏

用法：：午時書本符，黃紙硃字，化飲或燒化，觀音廟，土地公廟，城隍廟燒化，並求廟主神幫忙令。。。。早日戒賭。每天一道。

斷賭咒(一)

天清、地靈、焚香奉請通請衆神，寶香三柱來召請，召請觀音佛祖，普唵古佛三十六營，五方土地，到此押斷。。。。不敢去賭博，見賭驚，見賭怕，一心一意向善，顧家庭，急急如律令。

斷賭咒(二)

拜請此間土地，神祇最靈，今有法家，壇中請，飛雲走馬，到來臨。。。平日賭博交往惡友，不顧家庭，奉請斷絕。。。之惡友賭友不敢來相約去賭博，押他見賭驚，見賭怕，速時戒賭不敢去，吾奉普唵古佛法旨，勅下靈符投告，本境福德正神大顯威靈，解除今生所帶賭博惡性，一一消除，急急如律令。

勅符咒

謹請閭山門下來，閭山下勅符三師三童子，閭山門下勅符三師三童郎符令，請到觀音佛祖，三十六營猛將五方土地，列位諸到押伏。。。一心一意善伏戒賭，見賭驚，見賭怕，惡友邀不去，押伏從此不敢再賭博，一心一意，顧家庭，吾奉閭山法主勅急急如律令。

五雷符

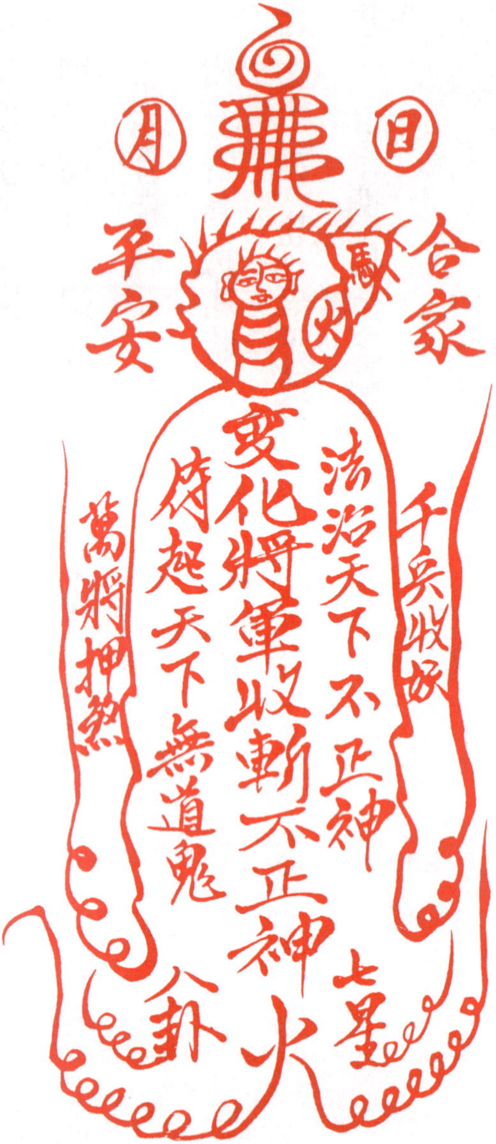

用法：無論何煞作怪輕者可將此符黃紙硃字書寫貼在門上。

符尺符

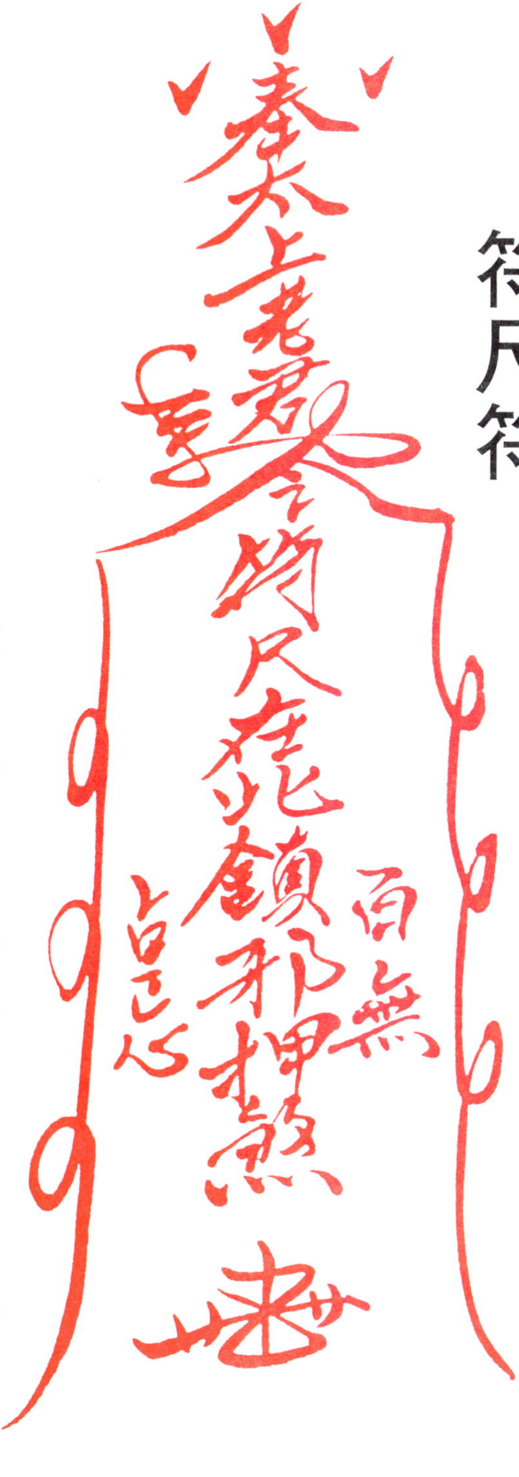

用法：家中有犯妖邪或邪符侵害時，此符黃紙硃字，同壽金燒化門外。

泰省閭山淨明大法院
眞傳祭照妖鏡法科

龍德壇珍藏

請神咒

香煙沈沈應乾坤　點起清香透天門
金烏奔走如雲箭　玉兔光輝似車輪
南辰北斗同下降　五色彩雲鬧紛紛
紫微宮中開聖殿　真言咒語請神仙
弟子一心三拜請　列位諸神降來臨
神兵火急如律令

淨心神咒

太上台星　應變無停　驅邪縛魅　保命護身
智慧明淨　心神安寧　三魂永固　魄無喪傾
急急如律令

淨口神咒

丹朱口神　吐穢除氣　舌神正倫　通命養神

羅千齒神　卻劫衛真　喉神虎賁　氣神引津

心神丹元　令我通真　思神鍊液　道氣長存

急急如律令

淨身神咒

靈寶天尊　安慰身形　弟子魂魄　五臟玄冥
青龍白虎　隊仗紛紜　朱雀玄武　侍衛吾身
急急如律令

安土地神咒

元始安鎮　普告萬靈　嶽瀆真官　土祇地靈
左社右稷　不得妄驚　回向正道　內外澄清
各安方位　備守家庭　太上有命　搜捕邪精
護法神王　保衛誦經　皈依大道　元亨利貞
急急如律令

淨天地神咒

天地自然　穢氣分散　洞中玄虛　晃朗太元
八方威神　使我自然　靈寶符命　普告九天
乾羅答那　洞罡太玄　斬妖縛邪　殺鬼萬千
中山神咒　元始玉文　吾誦一遍　卻鬼延年
按行五嶽　八海知聞　魔王速首　侍衛我軒
凶穢蕩散　道氣長存　急急如律令

請金火咒

吾奉閭山普唵教主拜請本壇恩主都
奉請三請哪吒三太子再請下駕
黑虎大將軍五營軍兵都奉請。
神兵火急如律令
用壽金在要安神處先點火淨過

請太乙君咒

吾是唐宮太乙君　連台火星步黑雲　手執伏魔七星劍
斬斷陰間百鬼神　任是千妖同百怪　聞吾符水不留停
一點東方甲乙木　清河清水清眼睛　二點南方丙丁火
十殿閻君看金鎖　三點西方庚辛金　日日時時親降臨
四點北方壬癸水　排兵佈陣斬魔鬼　五點中央戊己土
開開天門閉地户　弟子一心專拜請　唐宮元帥降來臨
神兵火急如律令

閭山法主公咒

拜請閭山門下靈通使，真身顯現請全宮，原在江洲傳門法，同隨聖祖到凡間，身受玉皇親勅令，出在咒符救衆生，遊山公曹楊法名，遊海公曹顏法通，左右排兵同吾使，元帥哥哥至通靈，身騎寶馬遊天下，手執金鞭蓋紫雲，有人常唸道吾應，造下法文救生民，六丁六甲到壇前，公曹官封左右兵，紫山作法乾坤定，推山填海透天門，穿山立石斬妖精，勅封傳來是老君，香山流傳通天下，護國庇民獨為尊，弟子一心專拜請閭山法主降來臨。神兵火急如律令

本壇猛將

謹請本壇諸猛將　衛國金剛龍樹王　鎮天真武大將軍
五步七星顯如雲　普明真君大菩薩　三世張公化身壇
觀音水府為顯現　泗洲九座獻神通　清水祖師大法力
硃砂符印攝生童　金泱帝君五大聖　八代金剛六樹王
香山雪山二大聖　金珠銀珠玉珠郎　都天元帥統領兵
哪吒殺鬼虎珈　三世諸佛同下降　十大元帥到壇前
法門弟子專拜請　本壇恩主降臨來　神兵火急如律令

安神咒

天陽地陰、二氣化神、三光普照、吉耀臨門、華香散彩、天樂流音、迎請家堂△△神明、萬年香火、永鎮家庭、諸邪莫八、水火難侵、門神户尉、斬鬼除精、神威廣大、正道光明、太乙勅令、保護家門。神兵火急如律令

此咒是安神位後由法師所祝之咒（七遍）

祭照妖鏡符

作法：照妖鏡用

用法：在寶鏡上用9支清香虛書此符，咒唸七遍四十九天後即可練成，安門上可保平安

祭照妖鏡符咒

天清清，地靈靈，拜請十六閻君到壇前，此時此刻，速速隨吾祭起照妖鏡，祭仙鏡，照起神妖無覓處，一照妖邪在空中，二照妖邪在人中，三照妖邪變原形，六丁六甲隨吾令，隨吾法旨守鏡形，陰兵陰將隨吾令，遵吾旨，速速照起妖邪不留停，若有不遵吾旨者，定寸斬不留情吾奉十大閻君勅神兵火急急急如律令

九牛破土符

用法：扦犯用桃竹符長一尺正面用九牛大將軍
左片用姜太公右片用九鳳將軍後面用大

法師鬥法符

用法：凡被放符時，可用本符加壽金燒化門外。

閭山求財神符

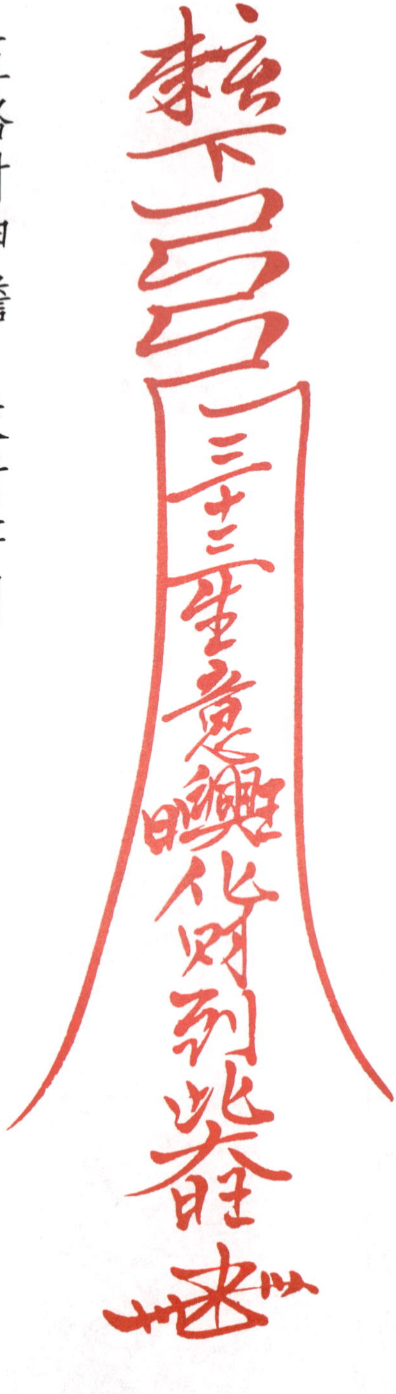

五路財神膽　求財符用

東北財南西　車馬發動　法輿　兵令印馬　金土木

火水

黃紙黑，紅字

求財神符

用法：紅紙黑字

咒語：天清地靈五鬼顯靈急召貴人速到吾前

地址　神兵火急如律令

四季平安符(一)

用法：：帶身。

指法：：八卦指八卦咒勅符。

用紙：：黃紙硃字。

用途：：鎮四季平安。

四季平安符(二)

用法：帶身。

指法：八卦指八卦咒勅符。

用紙：黃紙硃字。

用途：鎮四季平安。

招財符(一)

用法：子時寫燒化貼帶均可於清晨至公司或住家附近福德正神廟求之合壽金土地公金化於金爐內可加五鬼錢化之用時不可為人見之。

招財符(二)

子時寫　黃紙紅字。

用法：公司或家門口大壽金刈金福金七張　化七天加五鬼錢七張不可常用

招財開運補庫符(一)

用法：凡人運氣不順，財運不佳，可用本符黃紙硃字，每天一道化門外，加旺財金、壽金、財神金、大小貴人、四方貴人燒化即可。

招財開運補庫符(二)

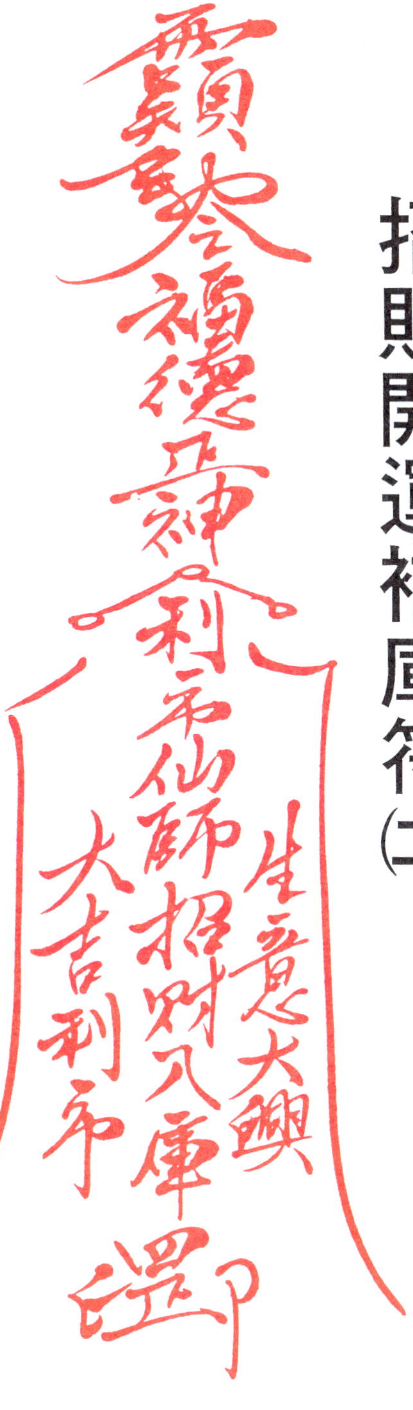

用法：凡人運氣不順，財運不佳，可用本符黃紙硃字，每天一道化門外，加旺財金、壽金、財神金、大小貴人、四方貴人燒化即可。

招財開運補庫符(三)

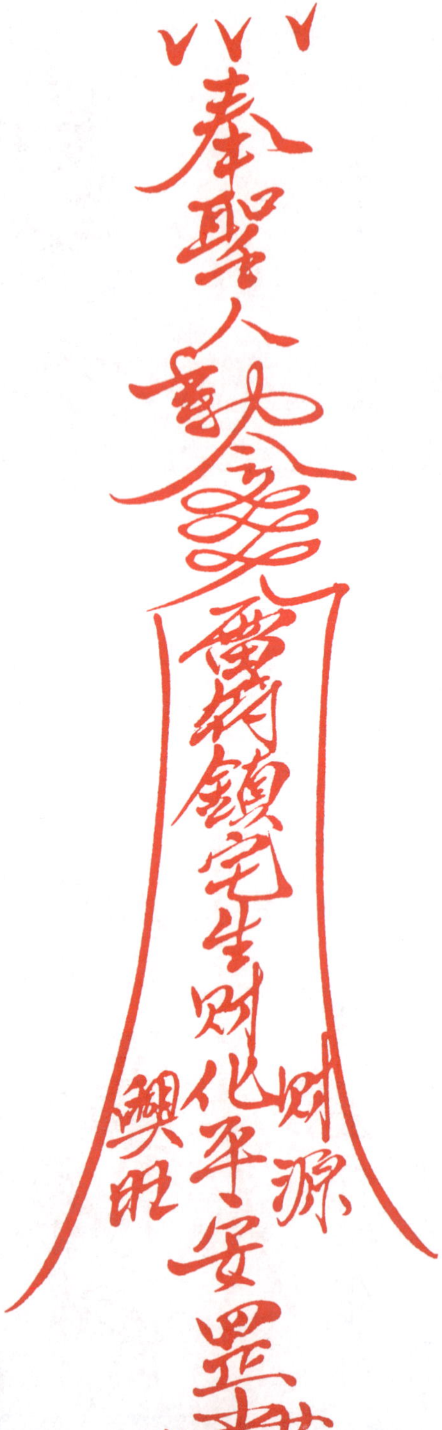

用法：凡人運氣不順，財運不佳，可用本符黃紙硃字，每天一道化門外，加旺財金、壽金、財神金、大小貴人、四方貴人燒化即可。

招財開運補庫符(四)

用法：凡人運氣不順，財運不佳，可用本符黃紙硃字，每天一道化門外，加旺財金、壽金、財神金、大小貴人、四方貴人燒化即可。

招財開運補庫符(五)

用法：：凡人運氣不順，財運不佳，可用本符黃紙硃字，每天一道化門外，加旺財金、壽金、財神金、大小貴人、四方貴人燒化即可。

招財開運補庫符(六)

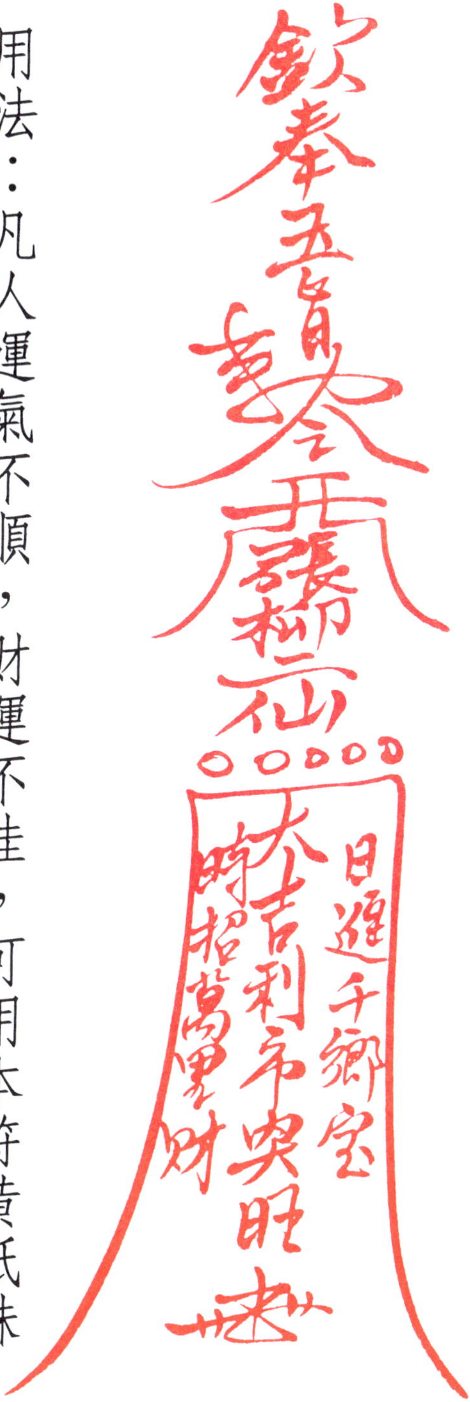

用法：凡人運氣不順，財運不佳，可用本符黃紙硃字，每天一道化門外，加旺財金、壽金、財神金、大小貴人、四方貴人燒化即可。

招財開運補庫符㈦

用法：凡人運氣不順，財運不佳，可用本符黃紙硃字，每天一道化門外，加旺財金、壽金、財神金、大小貴人、四方貴人燒化即可。

招財開運補庫符(八)

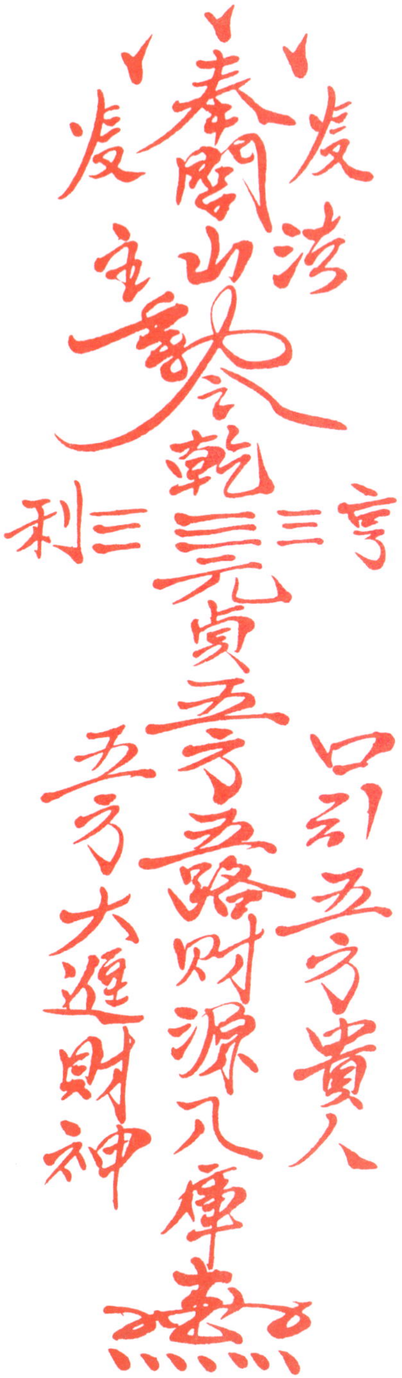

用法：凡人運氣不順，財運不佳，可用本符黃紙硃字，每天一道化門外，加旺財金、壽金、財神金、大小貴人、四方貴人燒化即可。

招財開運補庫符(九)

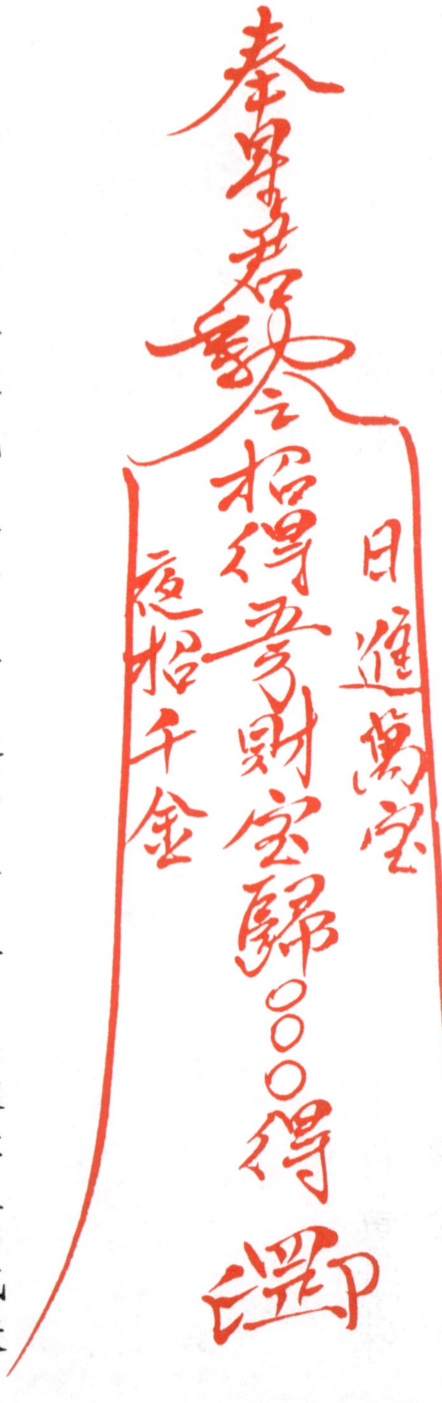

用法：凡人運氣不順，財運不佳，可用本符黃紙硃字，每天一道化門外，加旺財金、壽金、財神金、大小貴人、四方貴人燒化即可。

招財開運補庫符(十)

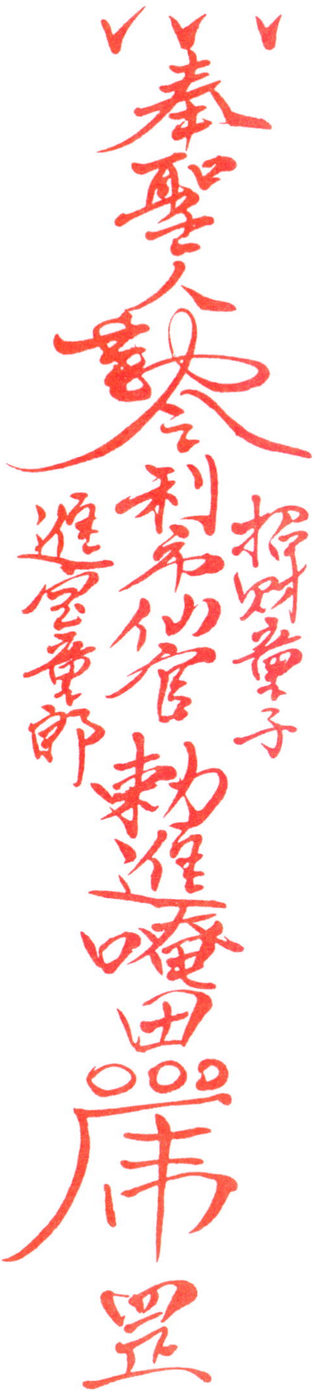

用法：凡人運氣不順，財運不佳，可用本符黃紙硃字，每天一道化門外，加旺財金、壽金、財神金、大小貴人、四方貴人燒化即可。

茅山開運招財大法(一)

作法：將所需用品排在神明前，作祭天地水庫法科，再按財神斗法科安斗，再行補運後，再施行本法，否則無效。

茅山開運招財大法(二)

作法：將所需用品排在神明前，作祭天地水庫法科，再按財神斗法科安斗，再行補運後，再施行本法，否則無效。

茅山開運招財大法㈢

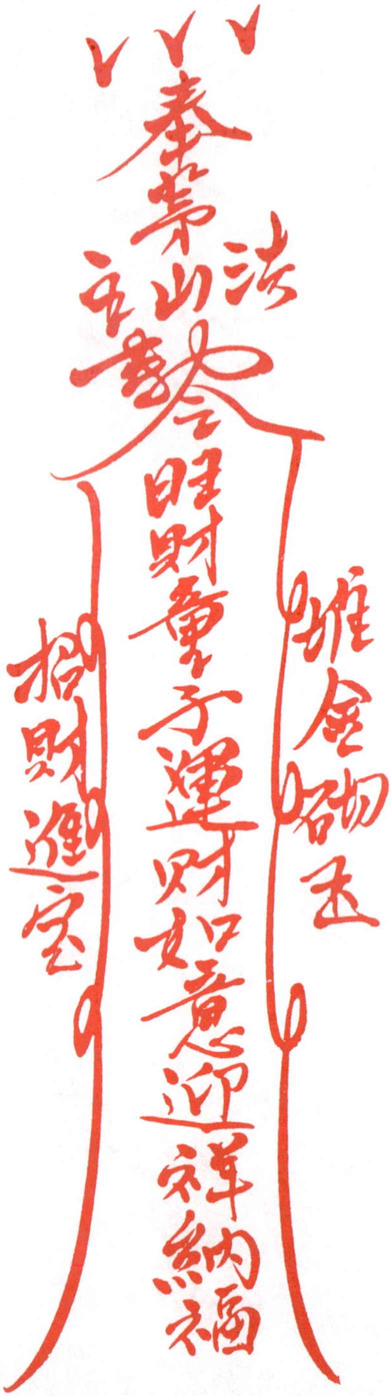

作法：將所需用品排在神明前，作祭天地水庫法科，再按財神斗法科安斗，再行補運後，再施行本法，否則無效。

茅山開運招財大法㈣

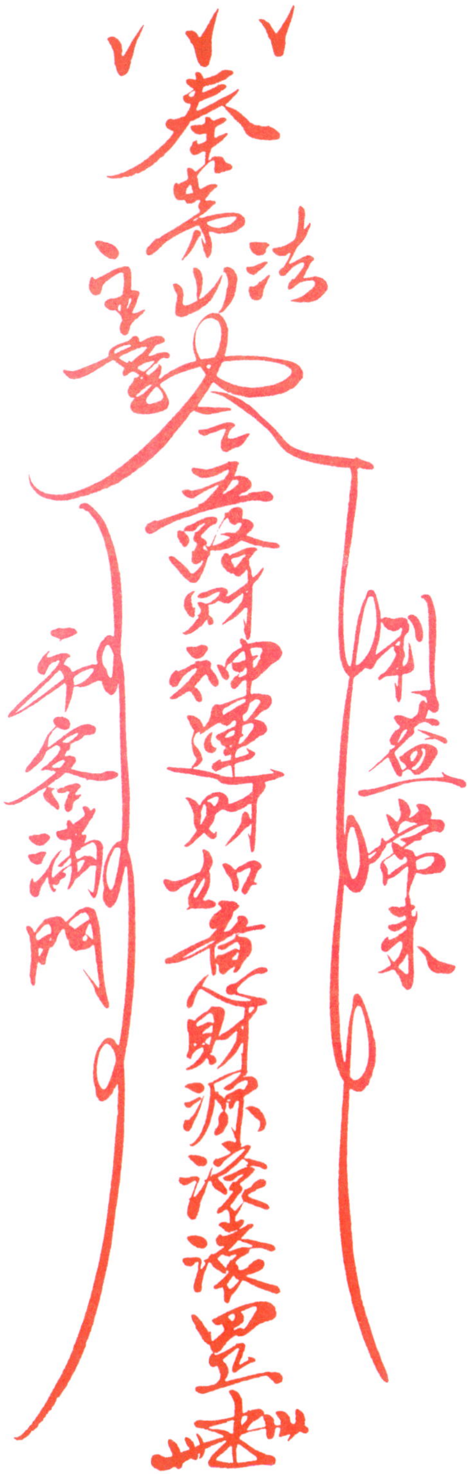

作法：將所需用品排在神明前，作祭天地水庫法科，再按財神斗法科安斗，再行補運後，再施行本法，否則無效。

茅山開運招財大法㈤

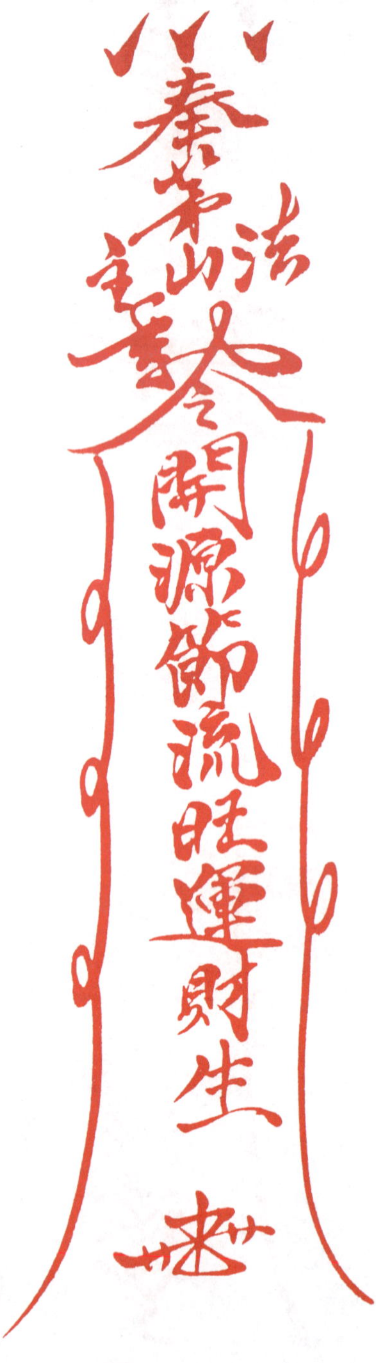

作法：將所需用品排在神明前，作祭天地水庫法科，再按財神斗法科安斗，再行補運後，再施行本法，否則無效。

茅山開運招財大法㈥

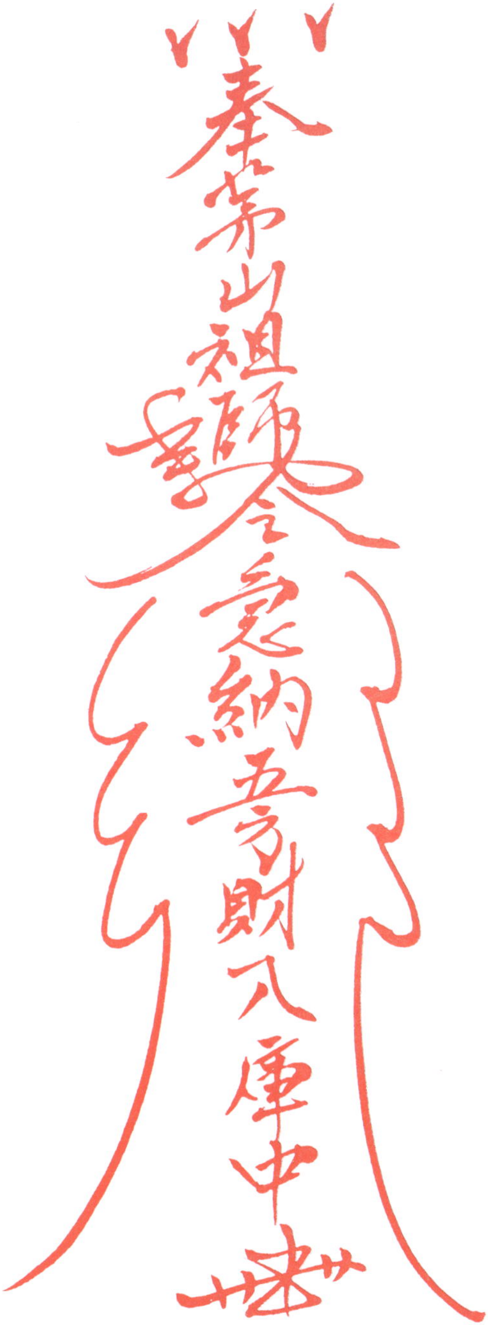

作法：將所需用品排在神明前，作祭天地水庫法科，再按財神斗法科安斗，再行補運後，再施行本法，否則無效。

招財符

用法：凡人運氣不順，財運不佳，可用本符黃紙硃字每天一道化門外，加旺財金，壽金，財神金，大小貴人、四方貴人燒化即可。

旺壇符

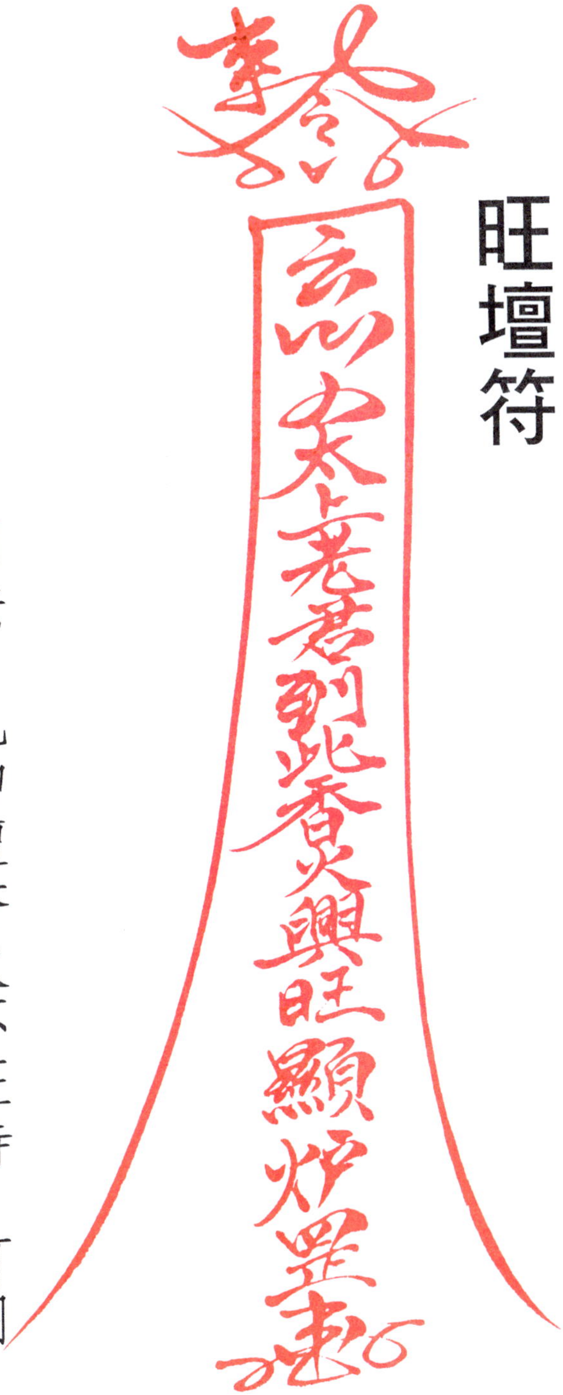

用法：凡神壇香火不旺時，可用紅紙黑字燒化香爐內，並唸旺壇咒七遍即可。

開市招財符

發財庫　按財庫

備財庫一個背後貼「招財符」內放「地神通財符」一張銅板五元二個紅豆三粒綠豆三粒黃豆三粒。法師上香請神護身用「旺氣入門符」加壽金三張火燒金庫三圈唸「化財咒」唸三遍後用紅線縛兩邊

依信者之奇門命盤之生門放好依信者之九宮命盤之四吉方向放好

正財咒

天清清、地明明，拜請祖師鎮威靈，福德正神，為吾招貴人，招起東方貴人到，南方貴人來，西方貴人到，正財不斷，歸庫中神兵火急如律令。

偏財咒

天錢星，地錢臨，吾今轉化陰陽貴人偏財星偏財臨，五鬼陰兵顯威靈，攝拘魂魄、助人偏財大進門庭，神兵火急

用法：符以黃紙墨書，一張帶身，一張燒化在門外，加大小百解，貴人指引及各種合符寶碟各一份燒化七天作一次。咒用五路貴人咒

天清清、地靈靈，五方五路財神大顯威靈，急速為吾。。。人，招入五方貴人來相助

千里萬里貴人來相迎吾奉天上老君神兵火急如律令

註：

㈠招貴人助偏財法須剪野生桂枝七支（粗）二支插水瓶中令生根（如死即換）置廳中，餘五支分別插於五方路口土中。

㈡偏財符可每日燒之但隔七天停止七天。

㈢偏財易聚易散，如有財入，當發心行善，方可多聚財入庫，切記。

避小人符(一)

用法：凡常犯小人侵害時，可用本符每天一道化在門口即可，黃紙黑字。

避小人符(二)

用法：凡常犯小人侵害時，可用本符黃紙硃字帶身。

揚公地理符(一)

用法：黃紙硃字，貼在墓碑後。

揚公地理符㈡

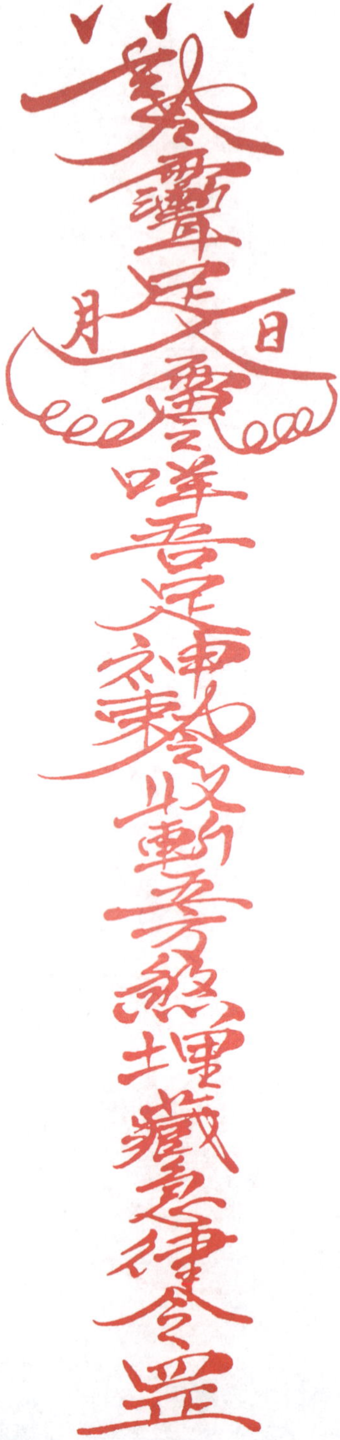

用法：黃紙硃字，貼在墓碑後。

安地龍符

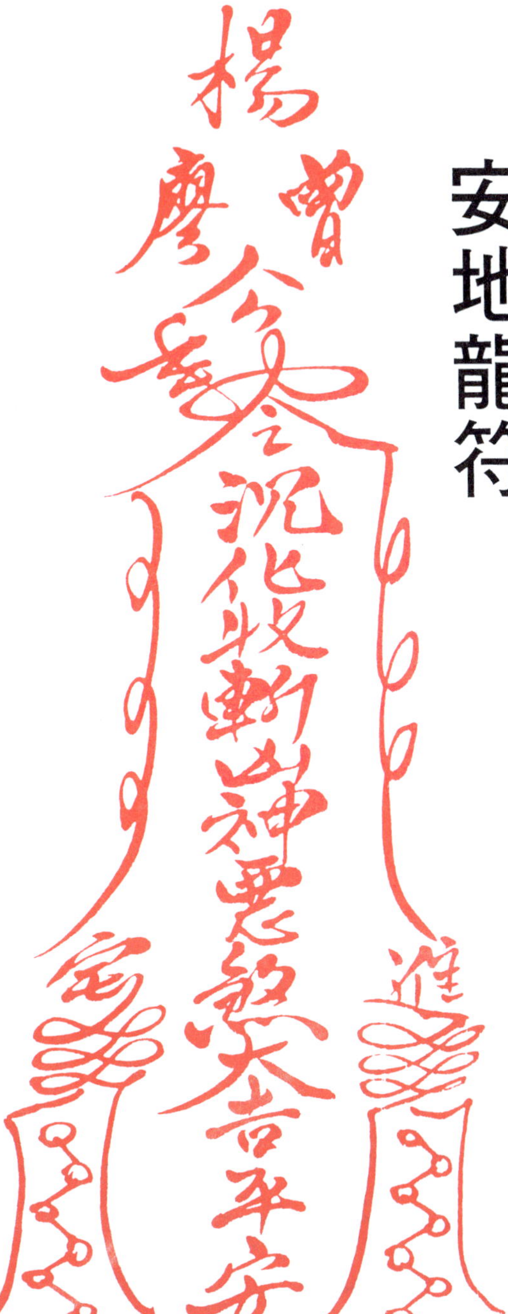

用法：：黃紙硃字，符燒墓後金斗內，符各一道含刈金一支燒化。

收場土煞符

用法：黃紙硃字，符燒墓後金斗內，符各一道含刈金一支燒化。

鎮風水符(一)

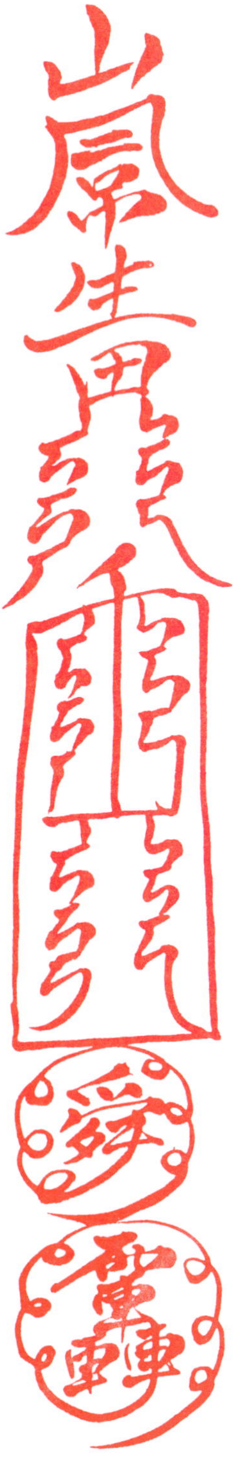

用法：黃紙硃字，貼在墓碑後。

九天玄女神咒

謹請九天玄女真仙，頭戴珠寶龍鳳冠，左手執天圓玉印，右手執寶劍，南北斗星君齊下降，上有金童玉女，下有玉女金七娘，通天元帥雲頭見，出吾令分兵水長流，雷公雷母一起到壇前，收斬妖魔鬼怪盡滅亡，穿山入石透五湖並四海，千神不敢當，萬神不敢藏，九天玄女真仙到，顯起毫光炎炎光，顯起毫光照五方，驅邪魔治鬼煞，斬妖精，神兵火急如律令，急急如律令。

鎮風水符(二)

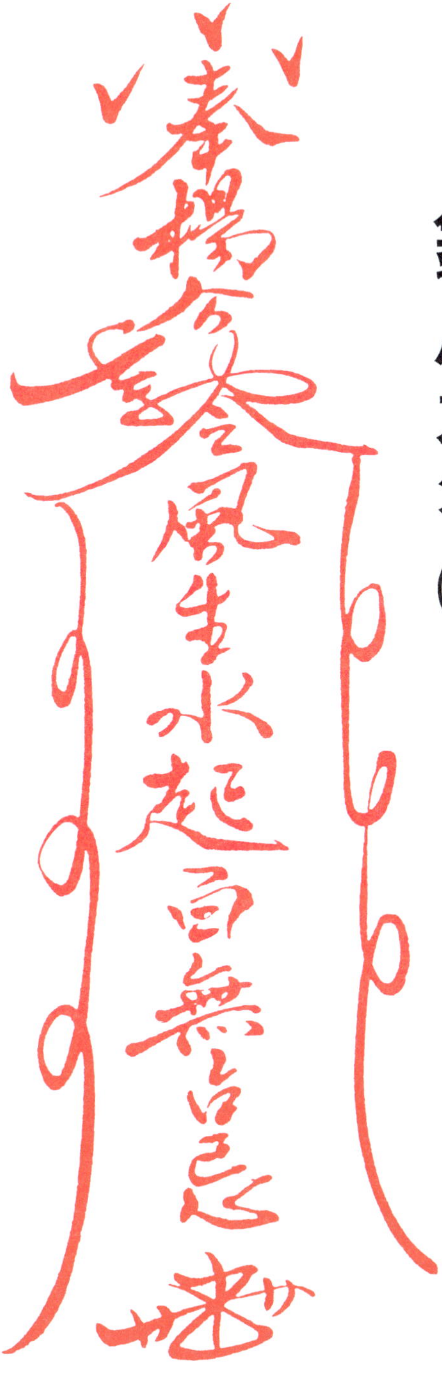

用法：黄紙硃字，符燒墓後金斗內，符各一道含刈金一支燒化。

鎮風水用符(三)

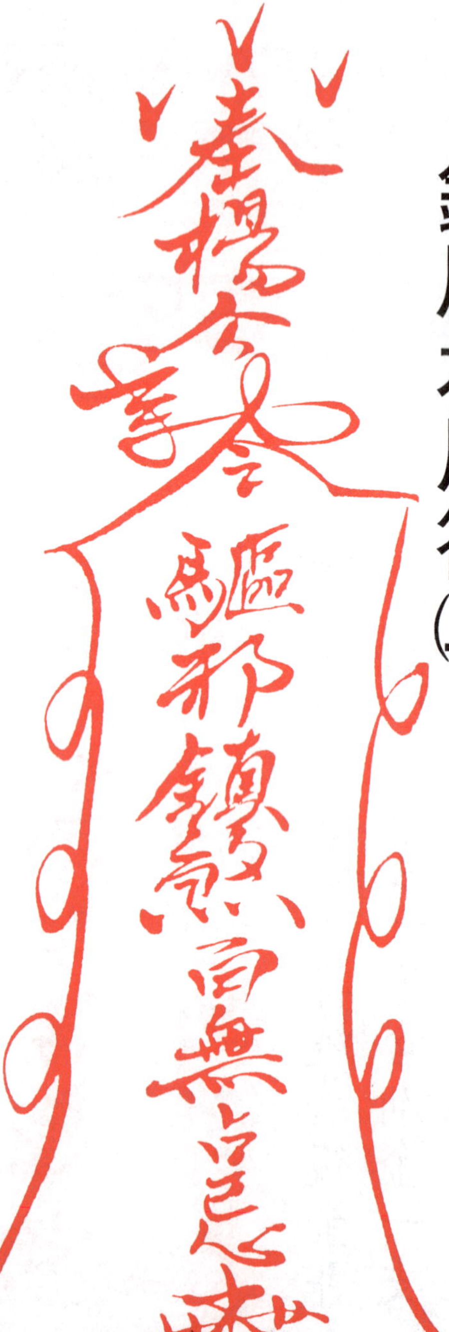

用法：黃紙硃字，符燒墓後金斗內，符各一道含刈金一支燒化。

天吊符(一)

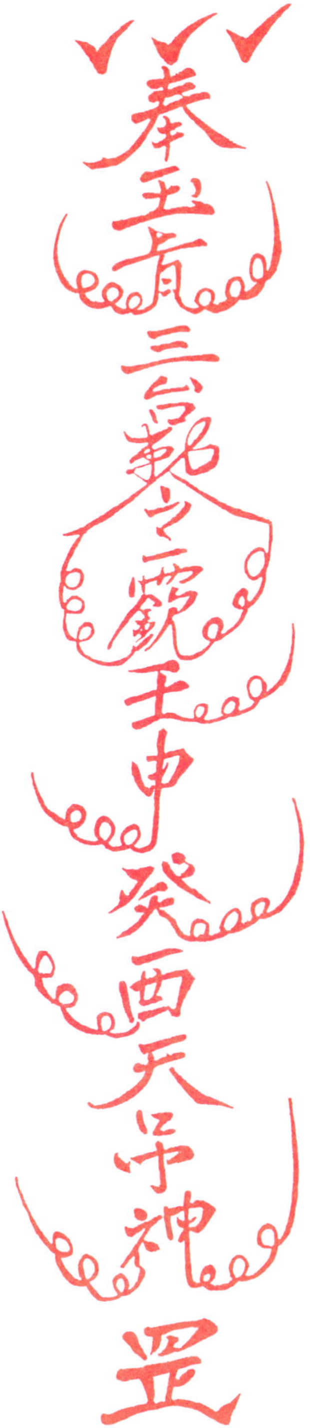

用法：凡小孩有帶天吊關或走馬天罡符帶身，本法需配合本門祭送天吊關法使用方可有效。

天吊符(二)

用法：凡小孩有帶天吊關或走馬天罡符帶身，本法需配合本門祭送天吊關法使用方可有效。

閭山五猖符

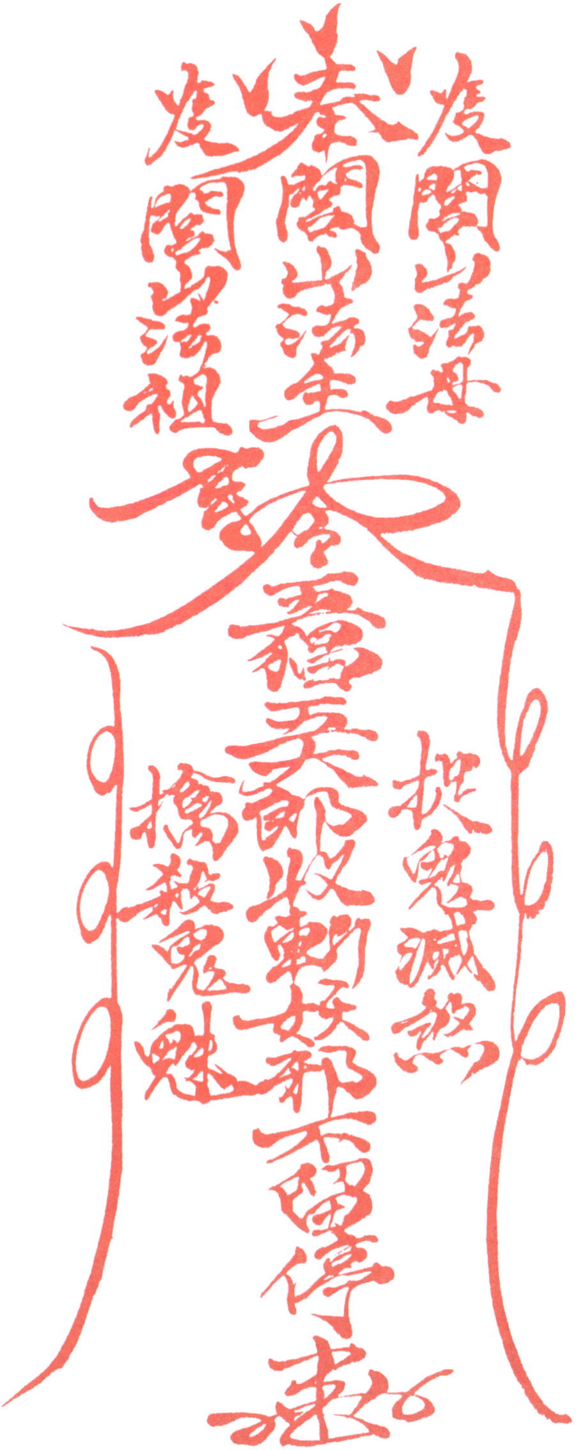

用法：本符以黃紙硃字，貼壇上，安壇或安外營可旺兵。

斬煞符

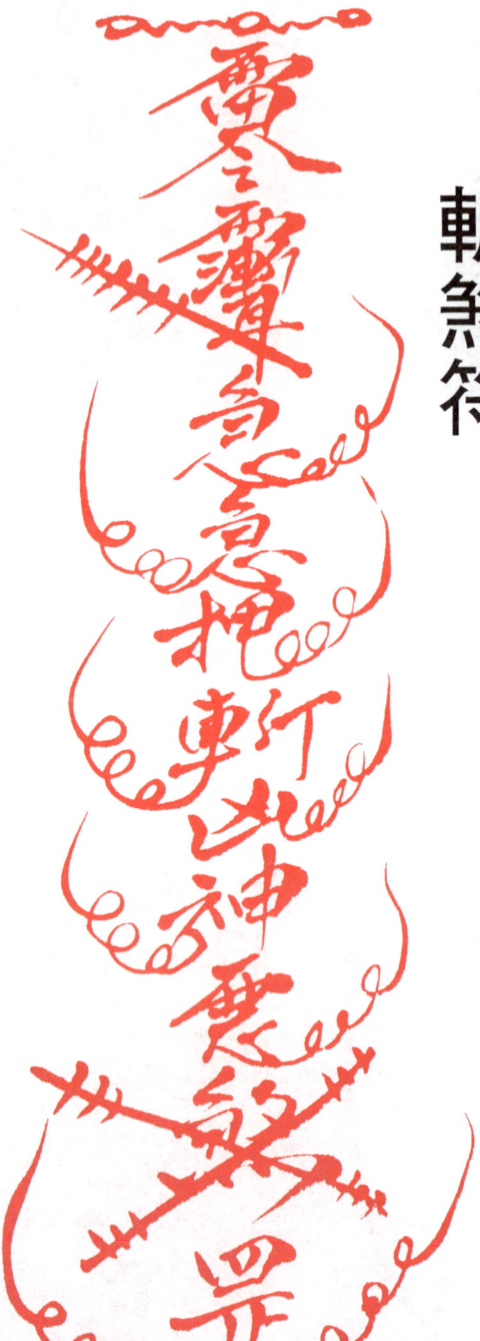

用法：以黃紙墨書，此符必須以火焚化放入陰陽水中，噴灑屋宅四周。

鐵筆止痛符

治病符

用法：此符用黃紙硃字配合藥方化飲。

治頭痛符

用法：凡頭痛不舒服，化陰陽水，符黃紙硃字。

治病符

用法：有陰煞纏身，吃藥無效者化陰陽水，符黃紙硃字。

開竅符(一)

用法：凡吃藥無效或受陰邪侵害或邪符侵害者符黃硃字化飲，每日一道。

開竅符(二)

用法：凡吃藥無效或受陰邪侵害或邪符侵害者符黃硃字化飲，每日一道。

開竅符㈢

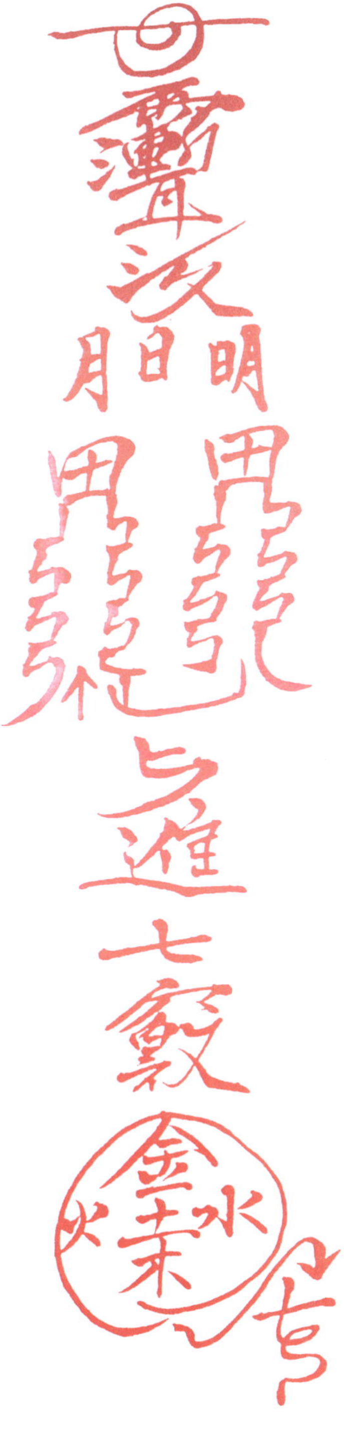

用法：凡吃藥無效或受陰邪侵害或邪符侵害者符黃硃字化飲，每日一道。

開竅符(四)

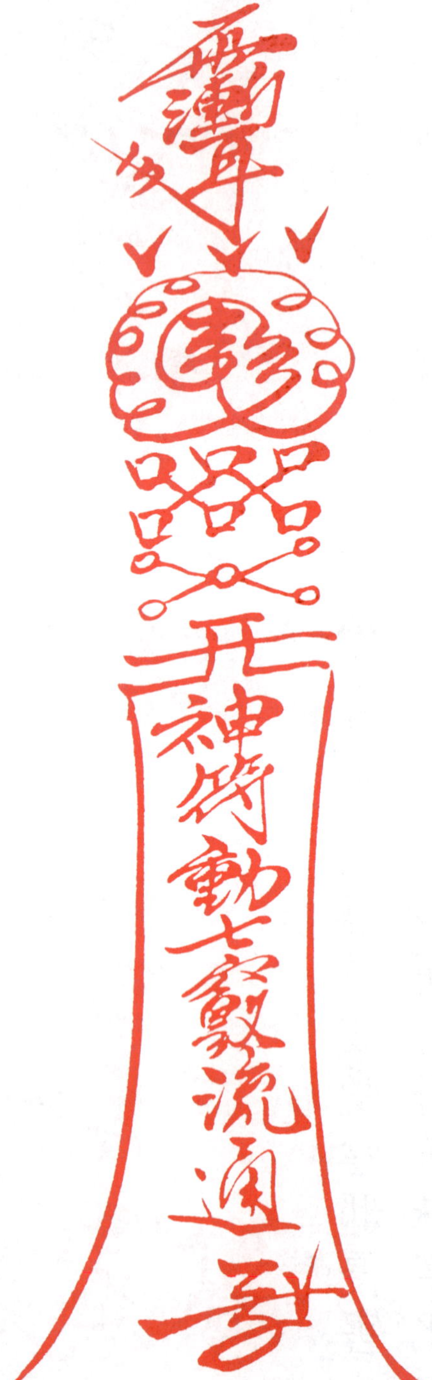

用法：凡吃藥無效或受陰邪侵害或邪符侵害者符黃硃字化飲，每日一道。

天台孫元帥收惡煞符

用法：凡有犯到陰煞、邪煞、人或家裡不順時，可用本符以黃紙硃字化飲即可。

雪山收凶神符

用法：凡有犯到陰煞、邪煞、人或家裡不順時，可用本符以黃紙硃字化飲即可。

八房押煞符

用法：犯動土的小孩沖犯到不到，本符以黃紙硃字，貼在房門上、或門上。

治牙齒符

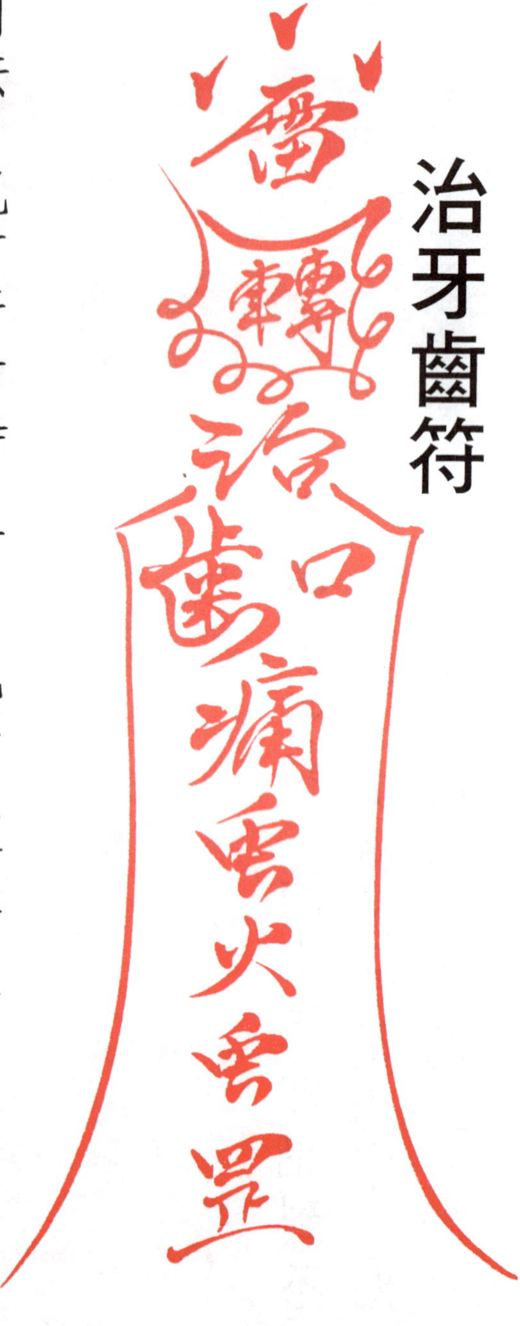

用法：犯有牙齒時，可用此符化陰陽水化飲，並唸咒七遍。

咒語：天靈靈、地靈靈，靈符感應，變為靈止齒會、止齒痛、火急行、急急如律令。

討債符(一)

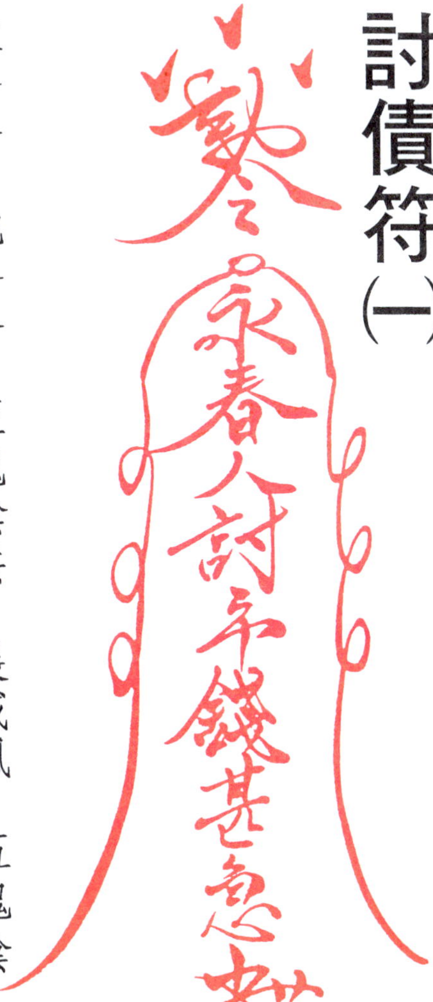

咒語：天冬冬、地冬冬，五鬼陰兵，展威風，五鬼陰 兵，全出動，急到。。。家中，催押。。。惡人，良心發現，速將欠。。。之錢一一還清急急如律令。

用法：此符必須用黃色墨書此符，符必須寫欠債人之姓名住址燒土地廟，一天一道。

討債符(二)

用法：此符必須用黃色墨書此符，符必須寫欠債人之姓名住址燒土地廟，一天一道。

制火耗

用法：凡天災人禍，可用黑紙白紙書寫本符貼在門上並用雪山咒及水德星君咒敕符。

制流財符

用法：凡人常有破財，或流財守不住時可用黃紙墨書此符每天加壽金燒化門口或配本門百里守財聚庫法更佳。

制流財咒：

乾元亨利貞、天地保延寧、日月保長生、三台養吾來、八卦五行轉、八卦聖人到、北斗遮五行、先人玉女扶、隨法破邪精，萬邪陰鬼伏、吾奉八卦祖師勅神兵火急如律令

用法：黃紙紅字咒七遍左雷右劍符加配茅山八卦靈

用法(二)八卦鎮宅大法一起用將符全部燒化在門外或

收惡鬼符

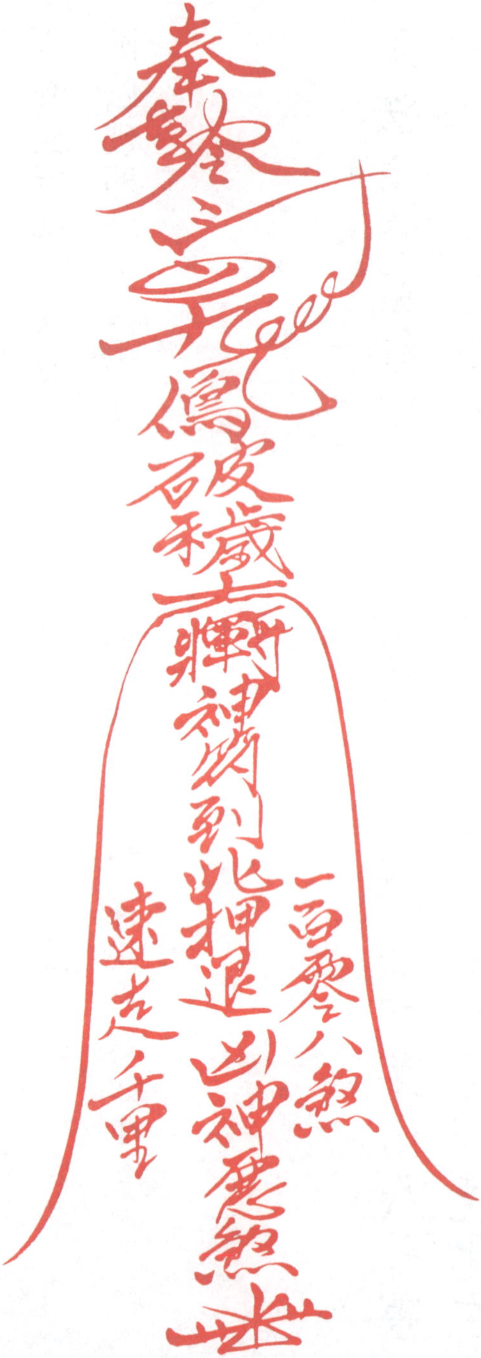

用法：凡遇陰鬼纏身或看到不乾淨的東西，可用雄黃酒加米酒寫符或用硃字書寫

九天玄女治病符

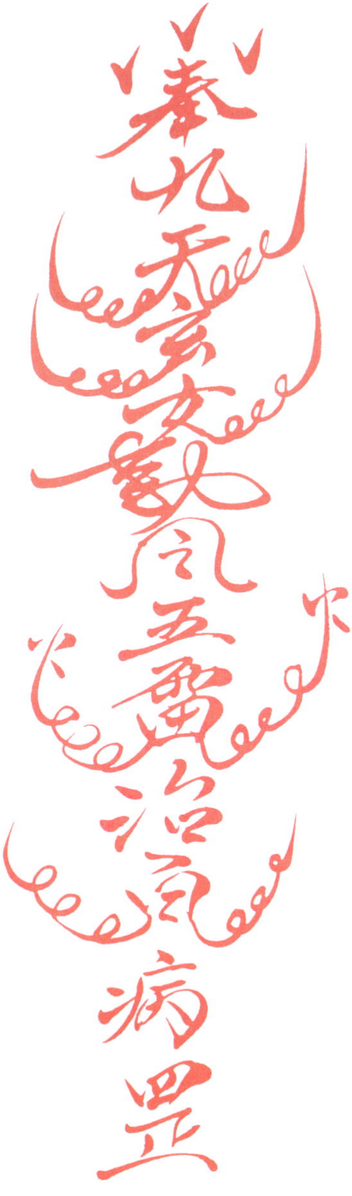

用法：此符黃紙硃字書寫，配合藥方化飲。

聽話符

用法：凡夫妻失和或中人符咒時，以黃紙硃字書寫化飲。

清淨符(一)

用法：以黃紙黑書，此符必須燒化放入陰陽水中，然後清淨四週或身體。

清淨符(二)

用法：以黃紙黑書，此符必須燒化放入陰陽水中，然後清淨四週或身體。

清淨符(三)

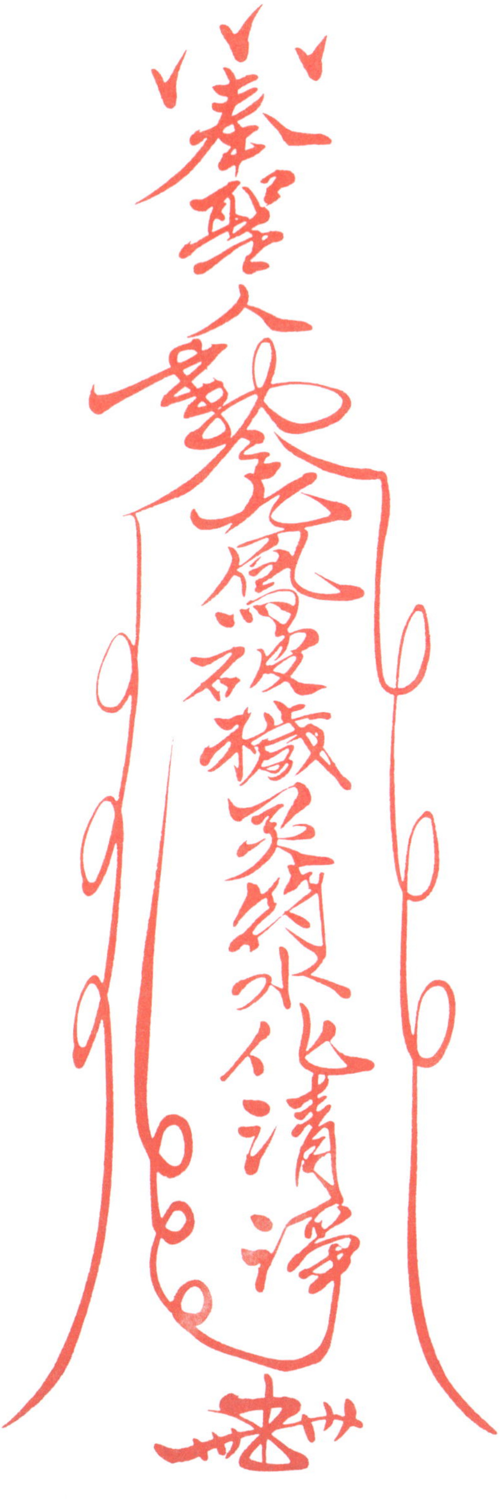

用法：以黃紙黑書，此符必須燒化放入陰陽水中，然後清淨四週或身體。

清淨咒

天清清地靈靈，淨符通法界，千里願遥聞，十方清淨來，四方清淨中央清淨起清淨天尊降來勅，天無昏穢地無昏穢，洗木木茂榮，去塵洗清淨，神兵神將火急如律令

開光鏡符

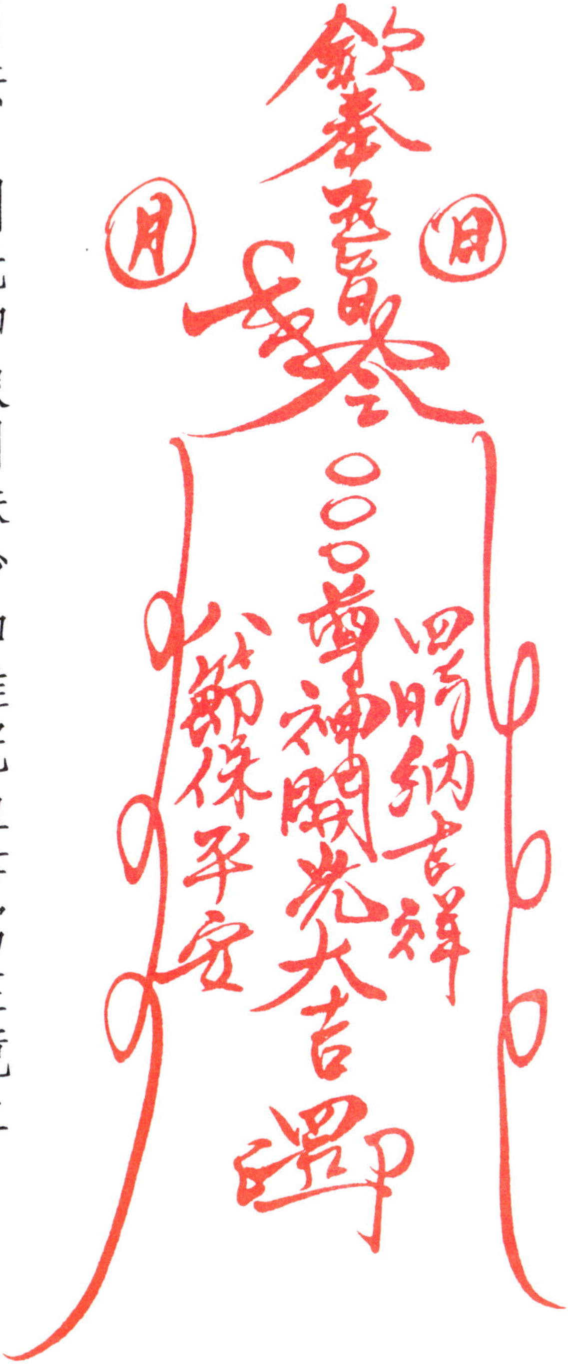

用法：開光神像用硃沙加雞冠血書寫在鏡上。

入神符

用法：開光入神時，將此燒化入在神後，並入神咒七遍，可保神威顯赫。

安神符(一)

用法：安神位時，用紅紙墨書貼神像之左方

安神符(二)

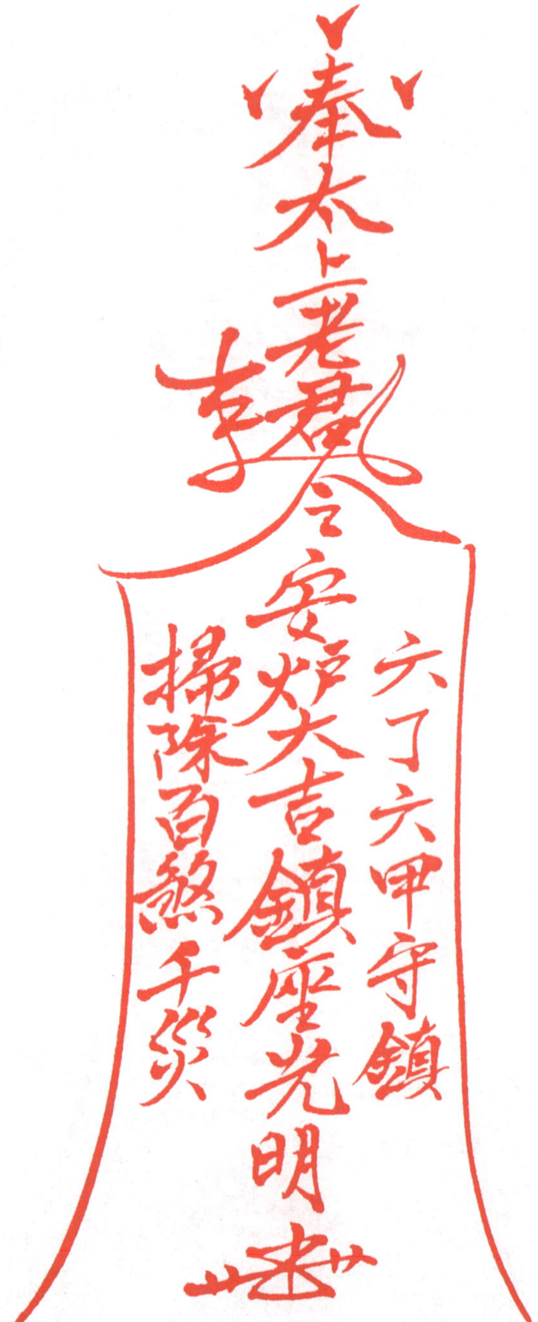
奉太上老君
敕令
六丁六甲守鎮
安爐大吉鎮座光明
掃除百煞千災

用法：安神位時，用紅紙墨書貼神像之右方

玉皇鎮宅符

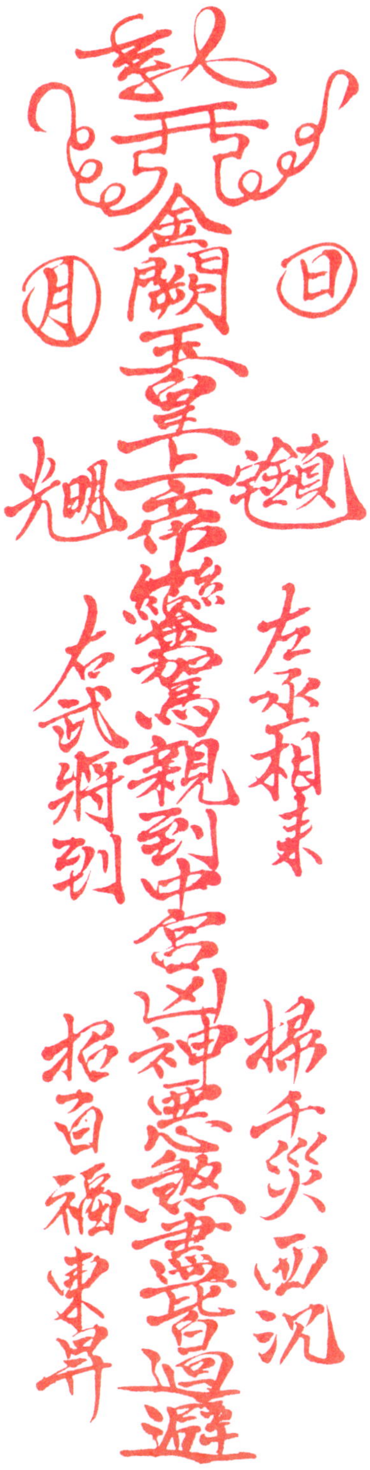

用法：符以紅布或紅紙墨書，此符必須貼或掛大門上可保平安、吉祥光明如意。

齊天大聖護身保命符

用法：符以黃紙硃字書寫帶身可保出入平安。

五雷咒(一)

謹請雷府大猛將，身通猛力展英雄，頭戴虎帽神通大，驅邪治病滅妖精，天下惡鬼盡皆除，吾奉玉皇上帝勅，勅賜雷府天下行，弟子一心焚香請，雷府大將降臨來，神兵火急如律令，急急如律令。

用法：以五雷指催五雷咒勅符鬥法鎮守驅妖邪斬鬼怪等用之。

五雷咒(二)

天清清地靈靈六丁六甲聽吾旨
四大天王尊吾旨五雷聽吾喚天地
神將尊吾旨速速排兵遣將天網佈
密擒妖精吾奉閭山教主勅
神兵火急如律令

勅和合符通用咒（催法用）

拜請普唵祖師來勅令，勅動乾男坤女年月日時和合扶起女人前來做妻子，時時刻刻前來合吾身，陰陽來和合，天地和合，日月來和合，和合仙師來和合，和合童子來催催，男女同心同意兩和合，和合三師三童子到此來勅令，和合神兵急急如律令。

和合咒(一)

拜請天地神和合，天地良人現飛龍，一合天地二合財，三合男女進門來，一抱照身，二抱照娘面，三抱自作法自作行，男人化為白米，女人化為餓雞，雞食米，心歡喜，勞煩日月老仙師為吾和合，仙師陰陽相和合押，神兵火急如律令。

和合咒(二)

焚香獻吊鬧紛紛吊請東西南北中五方十路魔神將軍，戴紅帽身隱行，身穿五彩迷魂衣，手執魂幡迷人狂，急催迷（對方名）三魂七魄前來和合（我方名），同心同意同床又交合，扶請魔神將軍、魔神童子，急速前去扶起。。。迷狂，引妳。。。出行來吾面前結為夫妻，將軍來座符，座起令符去迷人，接引。。。人前來同吾。。。來交合，吾奉茅山法主勅，神兵火急如律令，勅合奉行。

迷魂和合咒

奉吊迷魂法師急如令，能統手下千萬兵，步罡踏斗點鬼兵，茅山祖師助吾法，吊神吊鬼迷萬民，六壬仙師助吾令，勅令鬼神差追捉。。。人三魂七魄急轉回家鄉，日夜思想歸家，莊頭莊尾鬼神兵，伯公伯婆莊頭莊尾土地公汝，卅六界日夜指引，兵馬急速追捉。。。轉回家，捉魂童子，捉魄童郎，催捉。。。日夜思歸不得已，本境土地公洽接符令至急傳法，弟子本奉茅山祖本仙師急急如律令，勅到奉行，神兵火急如律令。

收吾毒邪師符

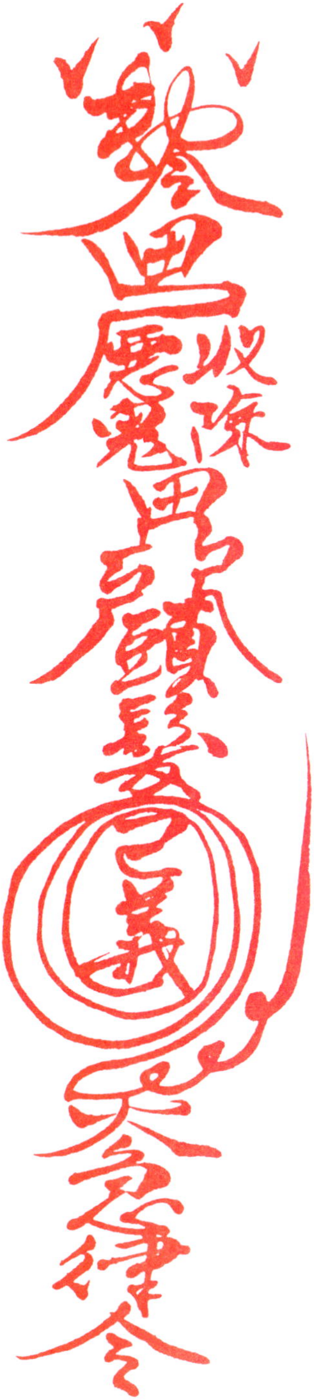

用法：每天加壽金燒在門外黃紙黑字咒用鐵光咒

將軍破煞符

用法：每天加壽金燒在門外黃紙黑字咒用鐵光咒

查事符(一)

花字：五方顯事明

用法：配合以前傳之查事法用符
一天一道化飲黃紙硃字。

查事符(二)

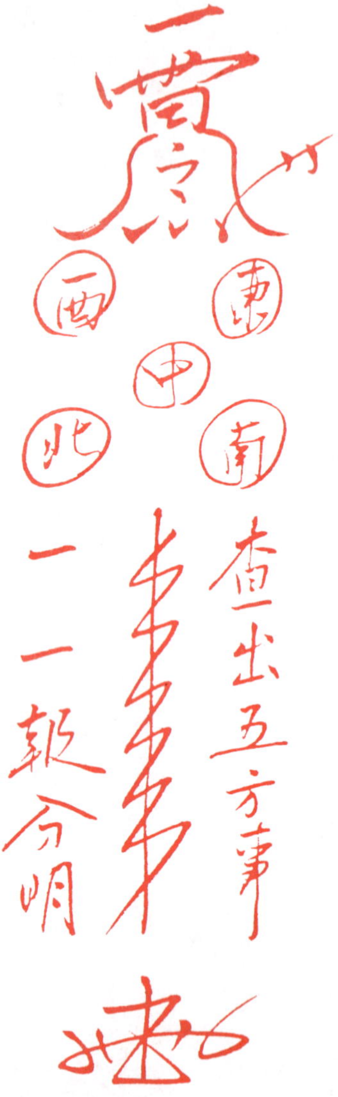

用法：配合以前傳之查事法用符一天一道化飲黃紙硃字。

退病符

用法：凡看醫生無效可用本符用黃紙硃字書寫化飲。

斬飛蛇符

用法：用黑墨與白醋合磨後畫本符在左手之中壓在患處每天一次連作七天即可。

坤卦符

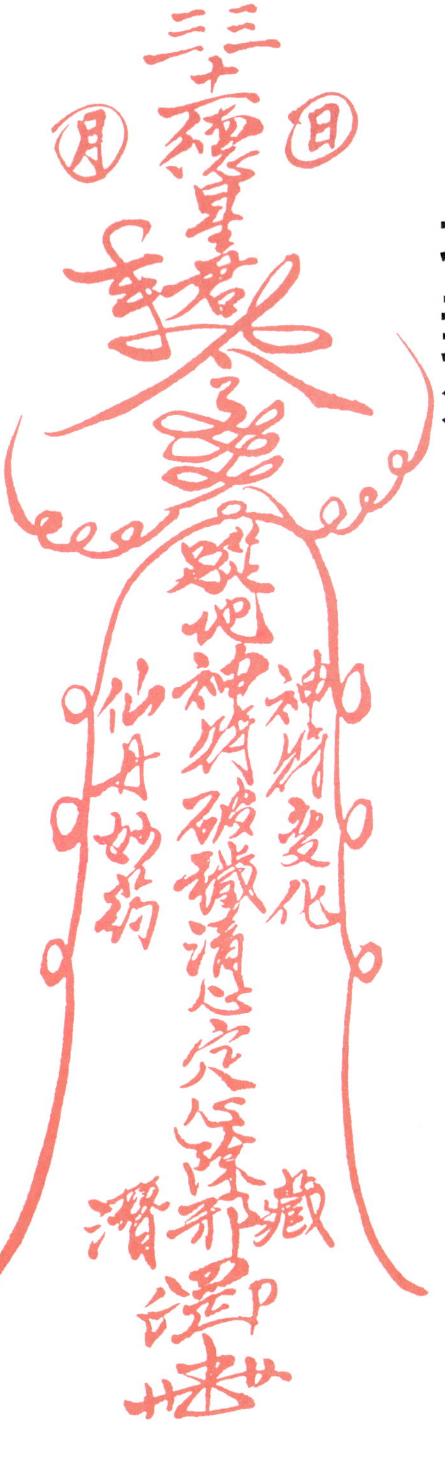

用法：凡有中邪煞纏身者可用此符二套，一套化飲，另一套加壽金化在門外，每日各一張，連續七天即可。

乾卦符

用法：凡有中邪煞纏身者可用此符二套，一套化飲，另一套加壽金化在門外，每日各一張，連續七天即可。

震卦符

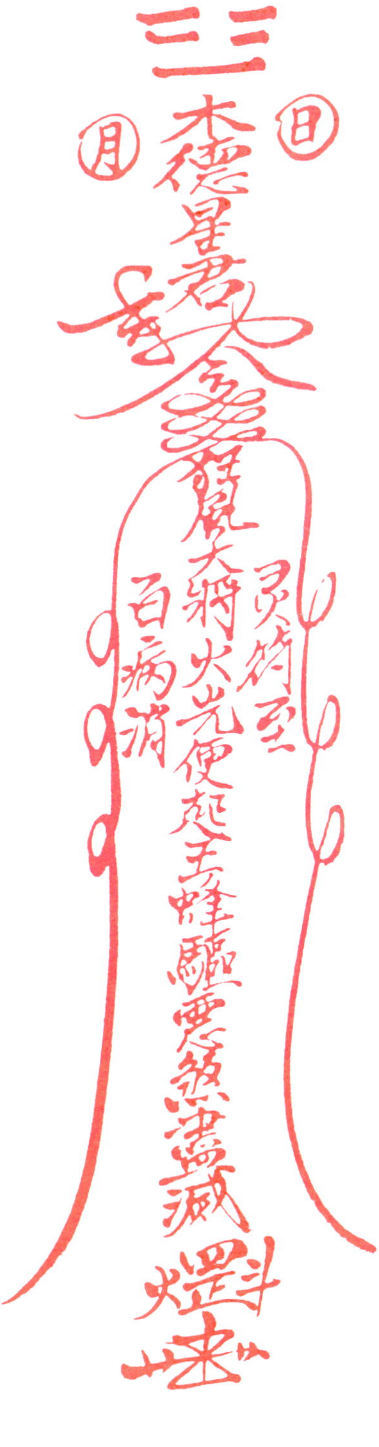

用法：凡有中邪煞纏身者可用此符二套，一套化飲，另一套加壽金化在門外，每日各一張，連續七天即可。

巽卦符

用法：凡有中邪煞纏身者可用此符二套，一套化飲，另一套加壽金化在門外，每日各一張，連續七天即可。

兌卦符

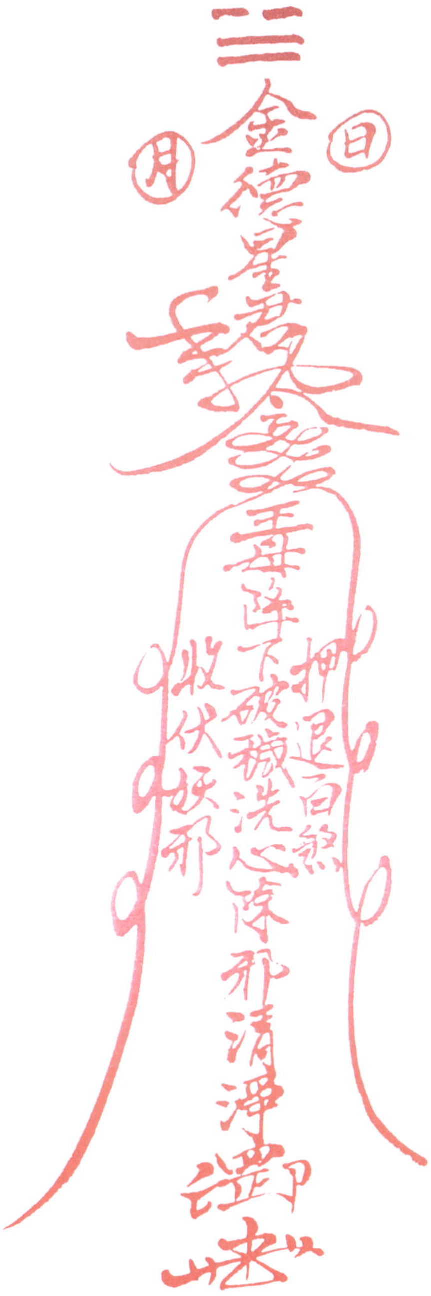

用法：凡有中邪煞纏身者可用此符㈡套，一套化飲，另一套加壽金化在門外，每日各一張，連續七天即可。

艮卦符

用法：凡有中邪煞纏身者可用此符㈡套，一套化飲，另一套加壽金化在門外，每日各一張，連續七天即可。

離卦符

用法：凡有中邪煞纏身者可用此符二套，一套化飲，另一套加壽金化在門外，每日各一張，連續七天即可。

坎卦符

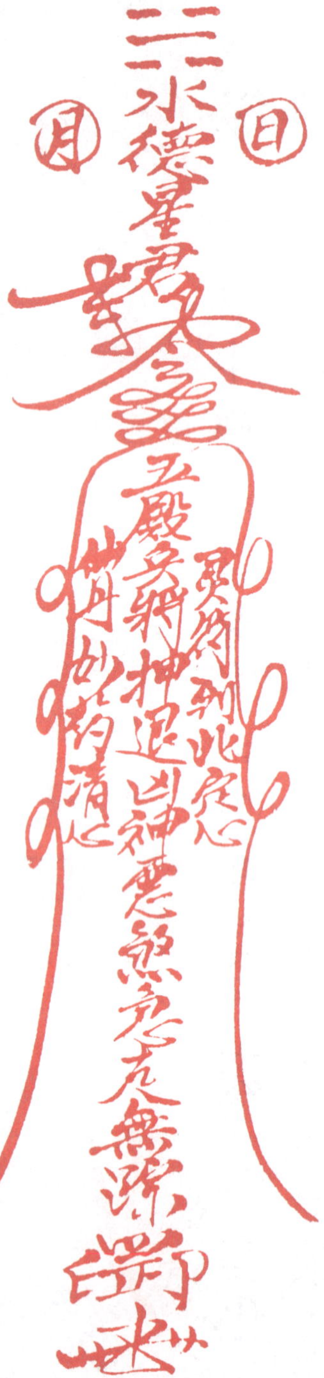

用法：凡有中邪煞纏身者可用此符二套，一套化飲，另一套加壽金化在門外，每日各一張，連續二天即可。

除災避惡符(一)

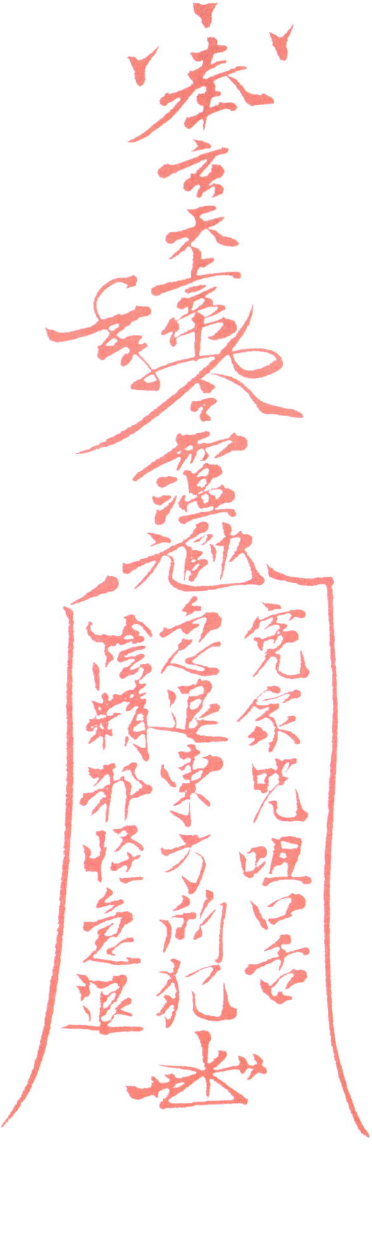

用法：本法請先擇吉準備衣服一件，紅花七朵，無根水一并，符合一道，先行改運祭煞、開運。在施除災避惡法科，在將符配合紙燒在門外即可。

除災避惡符(二)

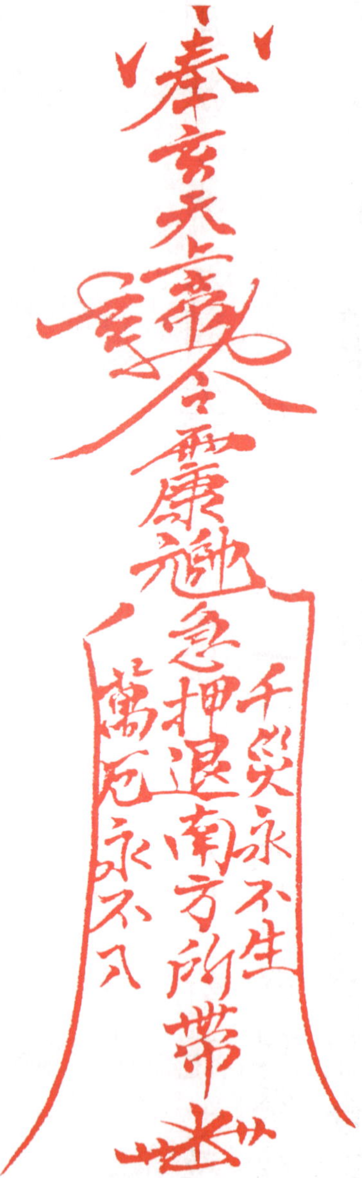

用法：：本法請先擇吉準備衣服一件，紅花七朵，無根水一并，符合一道，先行改運祭煞、開運。在施除災避惡法科，在將符配合紙燒在門外即可。

除災避惡符(三)

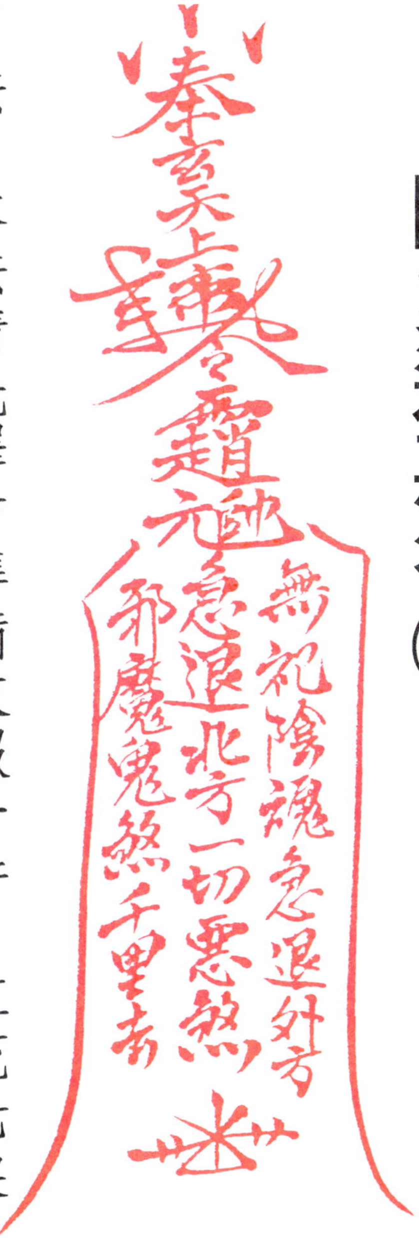
奉玄天上帝敕令
趙元帥
急退北方一切惡煞
無祀陰魂急退外方
邪魔鬼煞千里去

用法：本法請先擇吉準備衣服一件，紅花七朵，無根水一并，符合一道，先行改運祭煞、開運。在施除災避惡法科，在將符配合紙燒在門外即可。

除災避惡符㈣

用法：本法請先擇吉準備衣服一件，紅花七朵，無根水一并，符合一道，先行改運祭煞、開運。在施除災避惡法科，在將符配合紙燒在門外即可。

除災避惡符(五)

用法：本法請先擇吉準備衣服一件，紅花七朵，無根水一并，符合一道，先行改運祭煞、開運。在施除災避惡法科，在將符配合紙燒在門外即可。

驅邪符

用法：作法同上但本符黃紙硃寫帶身。

制厝內陰煞

用法：黃紙黑字，加七支壽金，每天一次燒在門內並唸八卦咒，鐵光咒七遍，連續七日即可。

小兒犯走馬天罡

咒：請正神加收斬走馬天罡煞神勅

用法：凡小孩有帶天吊關或走馬天罡符帶身，本法需配合本門祭送天吊關法使用方可有效。

八卦咒

謹請八卦靈靈，統領天兵，六十四將牛頭馬面報應分明，排兵出陣，度吾先行放洞塞海，八卦在身保命長生，鎮宅光明，用吾正法百萬雄兵，開弓射箭萬萬齊心，天上六下，明星網籠，罩下凶鬼，斬殺除根，本師祖師扶吾心神，師有作法，化作無停，上排天陣下佈雷霆，陽間作法陰府排兵，筆畫卦起，八卦威靈，吾誦神咒，祝保安寧，吾奉太上道祖勅令，是吾軍兵聽吾符令，是吾兵將隨吾收斬妖邪鬼怪盡滅亡，神兵火急如律令。

勅八卦錢法

保身用，市售大、中、小型八卦錢可用，勅好帶身，可避邪，招財和護身用。

1. 首先將八卦錢以刈金點燃繞過。

2. 唸咒三遍

伏以日吉時良天地開張，天靈靈，地靈靈，日月光明，三才合，召之萬神，三清仙真，至聖玉文，金光速現，護衛本命，保佑長生，身有光明，急急如律令。

3. 再勅唸八卦咒，打八卦印。

4. 勅完再持八卦錢在神爐上香煙處繞三圈即成。

安廟門符(一)

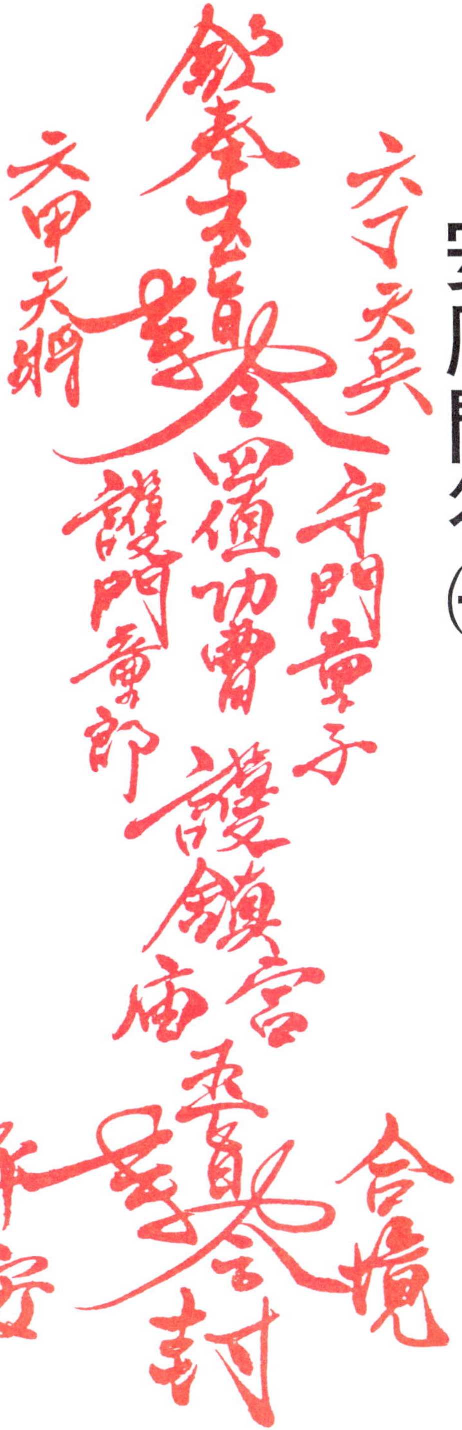

用法：開廟門前封廟門用，黃紙黑字，先安符祭廟煞再開廟門安龍謝土。

安廟門符(二)

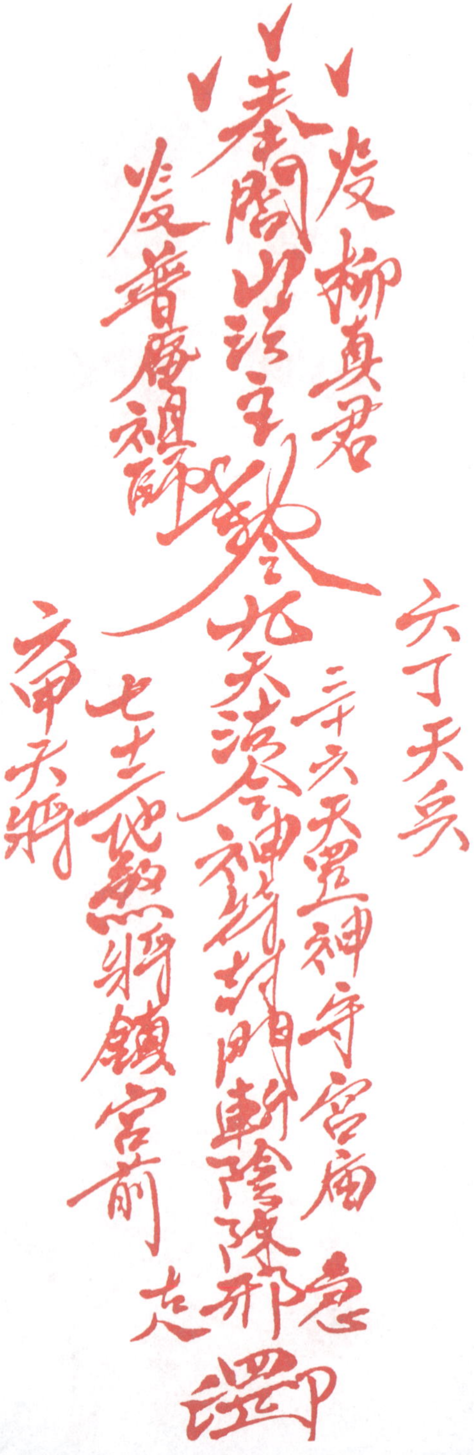

用法：開廟門前封廟門用，黃紙黑字，先安符祭廟煞再開廟門安龍謝土。

天師追邪符

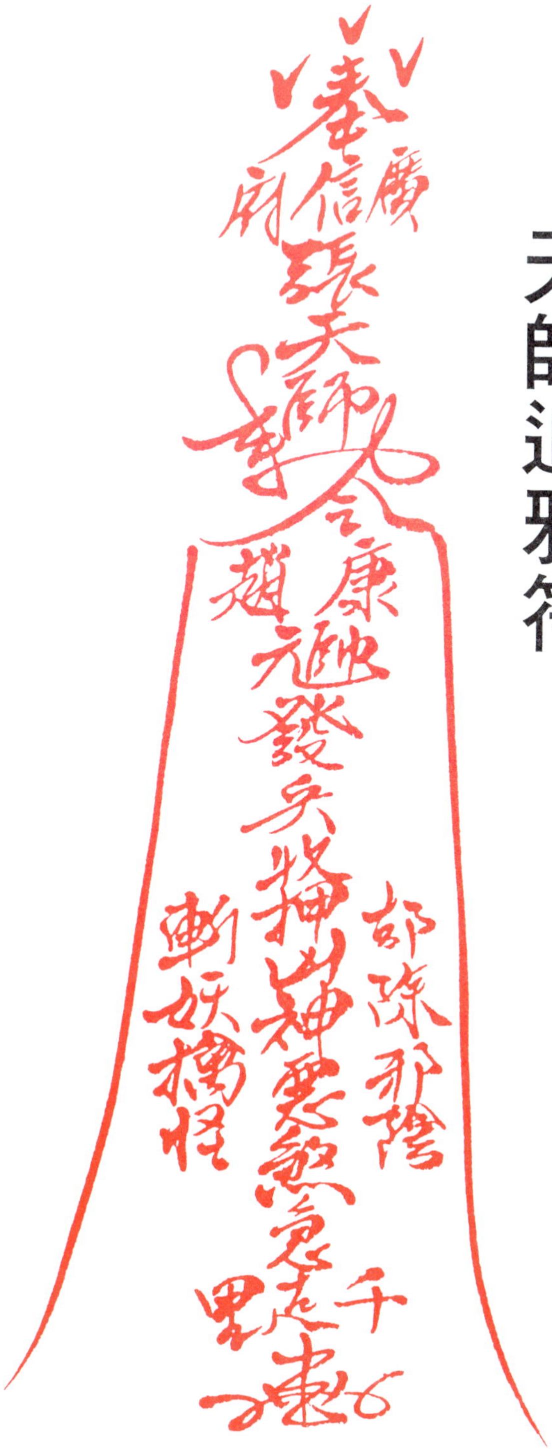

用法：凡若人犯邪沖犯，回來諸事不安，可此符黃紙硃字，化在大門口，跨火過即可平安。

收十二元神符

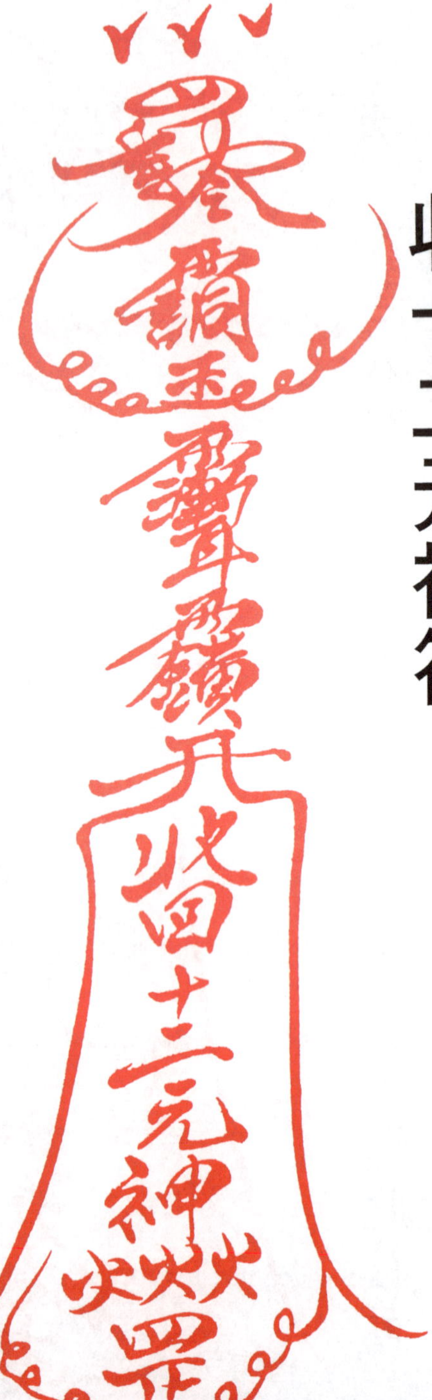

用法：凡人得心神不安時，可用本符黃紙硃字加唸安魂正魄咒及收十二元神法咒，後將此符帶身。

孕婦送喪符

用法：凡有婦人去送喪時，用黃紙硃字書寫帶身即可。

鬼煞符

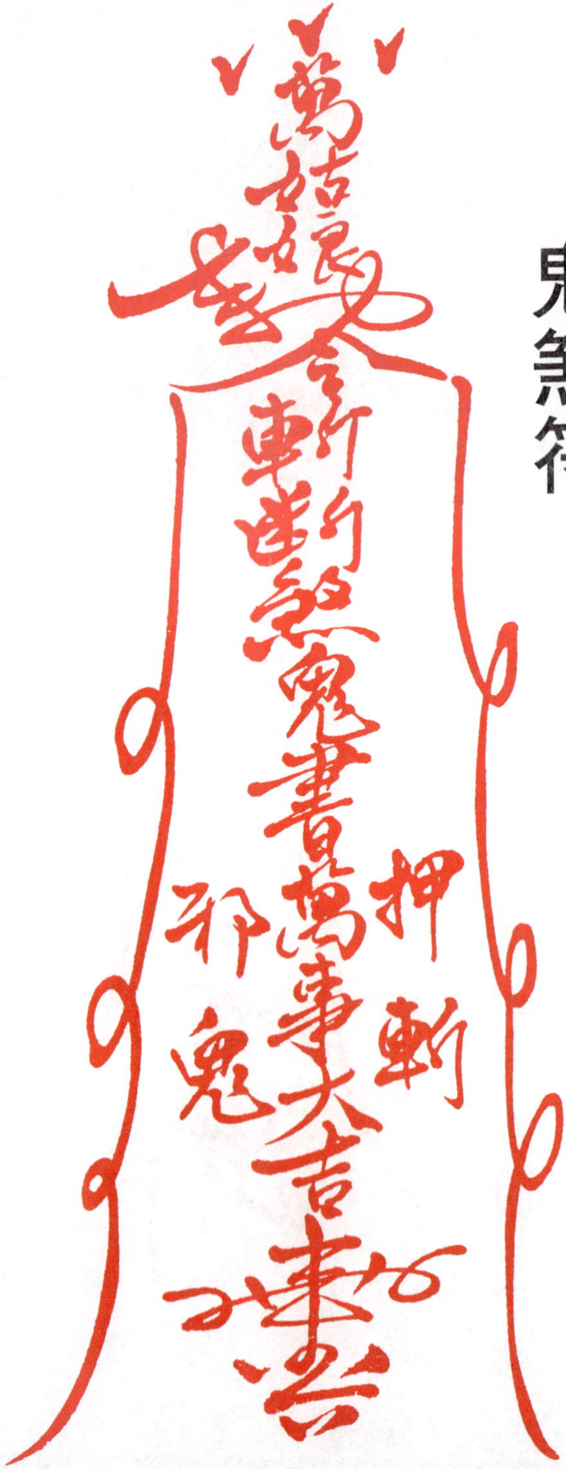

用法：此符乃萬姑娘媽押鬼煞符，如萬姑娘媽親臨一般，用壽金一千加符燒化門外即可。

玉帝避邪符

用法：凡犯有百事不順時，可用黃紙硃字書寫帶身，可保護平安，並可避邪侵害。女人禁用。

普降魔符

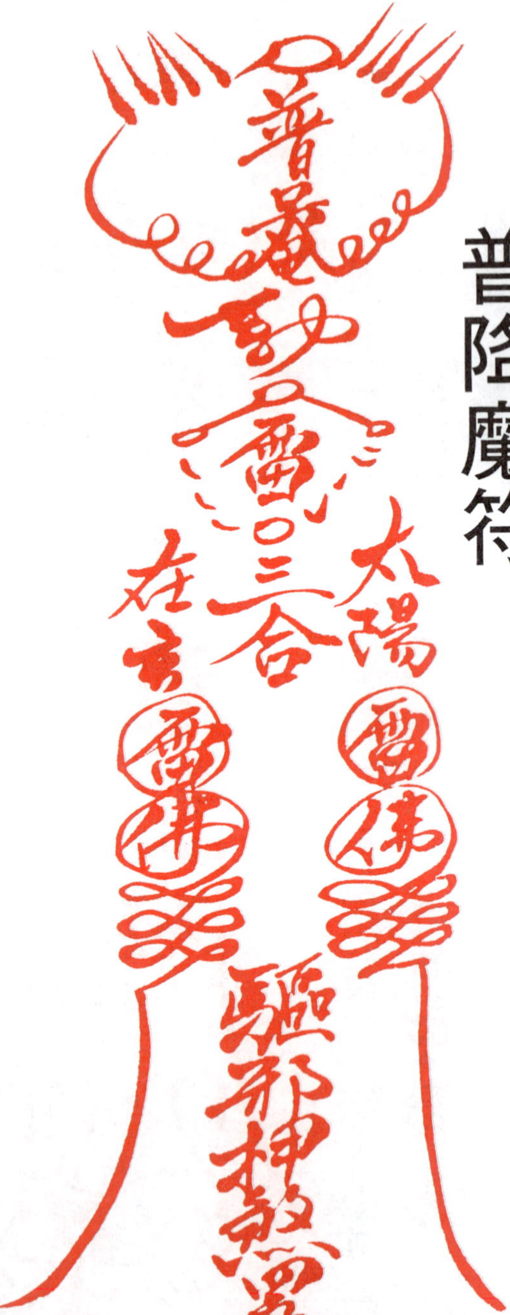

用法：：凡犯有百事不順時，可用黃紙硃字書寫帶身，可保護平安，並可避邪侵害。女人禁用。

制雞飛關

訣：鎮夜吞百鬼

用法：凡小孩犯有雞飛關時，可用本符黃紙硃字帶身即可。

押送外方安門

用法：凡祭送關煞外方煞神時加壽金刈金，送外方金紙仝時燒化

制六害

用法：凡人有疾病不好者，或則求醫改運不好者本一張帶身，一張配合壽金燒在門外。

制喪車

咒曰：孫真人治邪症。疫鬼神符右空精神。香香沈沈天地同生。呼喚三至。聞召速臨。焚符開召值曰。值時功曹使者。速速降臨驅邪遂煞。急走無蹤。急急如律令。

用法：凡去送喪者帶身。

定心符

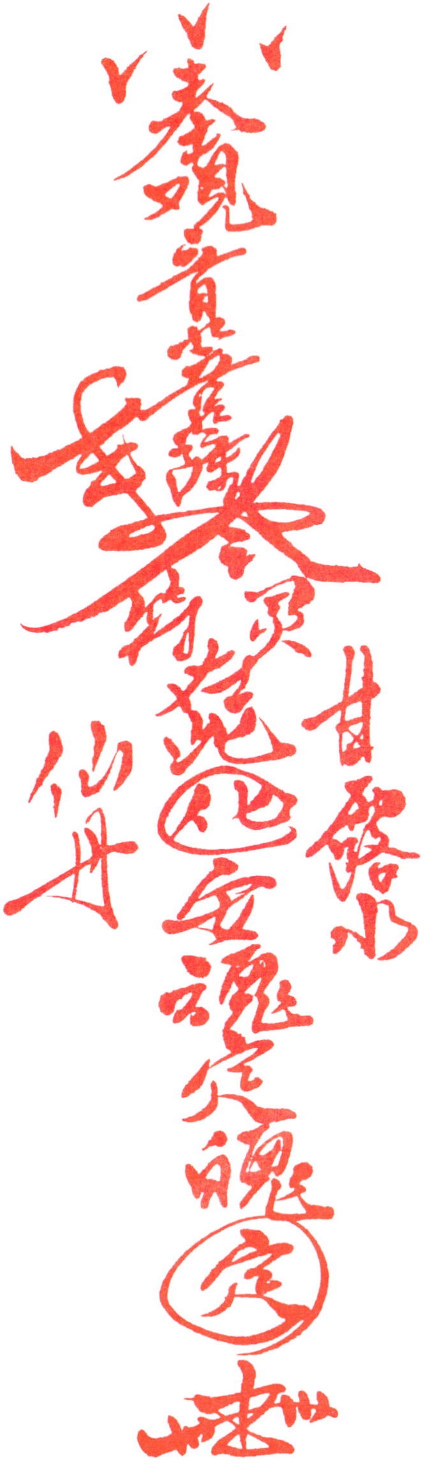

花字：：觀音佛祖勅令

用法：：凡人心神不定可用本符黃紙硃字化飲每天一道即可。

護身鎮宅用符

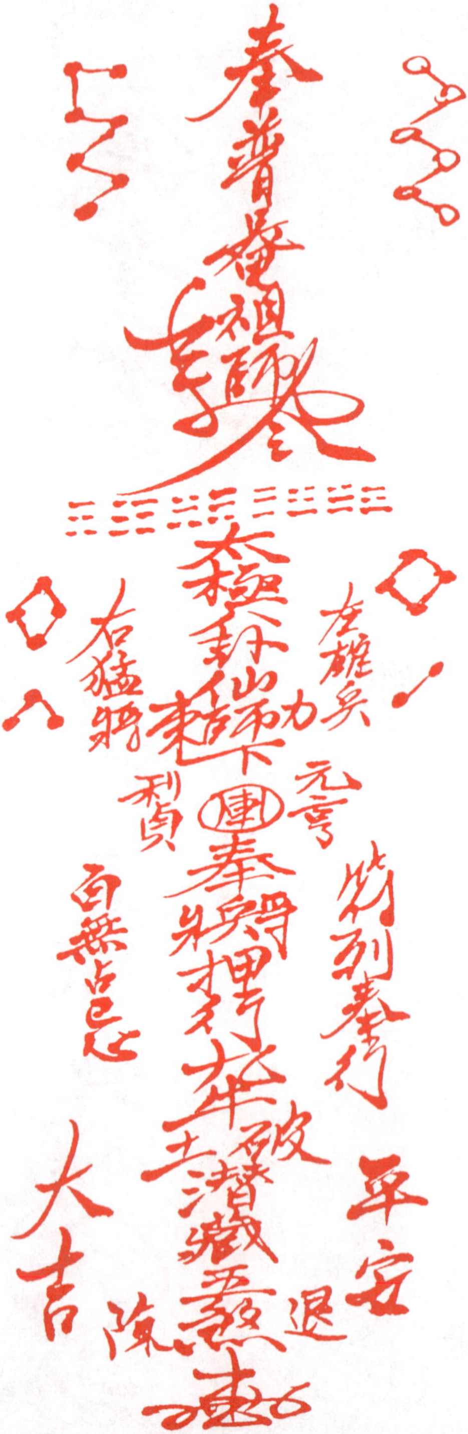

用法：：凡家裏不順時，可用本符貼在門上或帶身黃紙硃字。

泰省閭山淨明大法院

眞傳八卦移運轉命法訣

龍德壇珍藏

香煙沈沈應乾坤　點起清香透天門
金烏奔走如雲箭　玉兔光輝似車輪
南辰北斗同下降　五色彩雲鬧紛紛
紫微宮中開聖殿　真言咒語請神仙
弟子一心三拜請　列位諸神降來臨
神兵火急如律令

乾卦符

花字：八卦祖師勅令

用途：改運用

用法：黃紙黑字燒化

指法：八卦指

步罡：丁字步

坤卦符

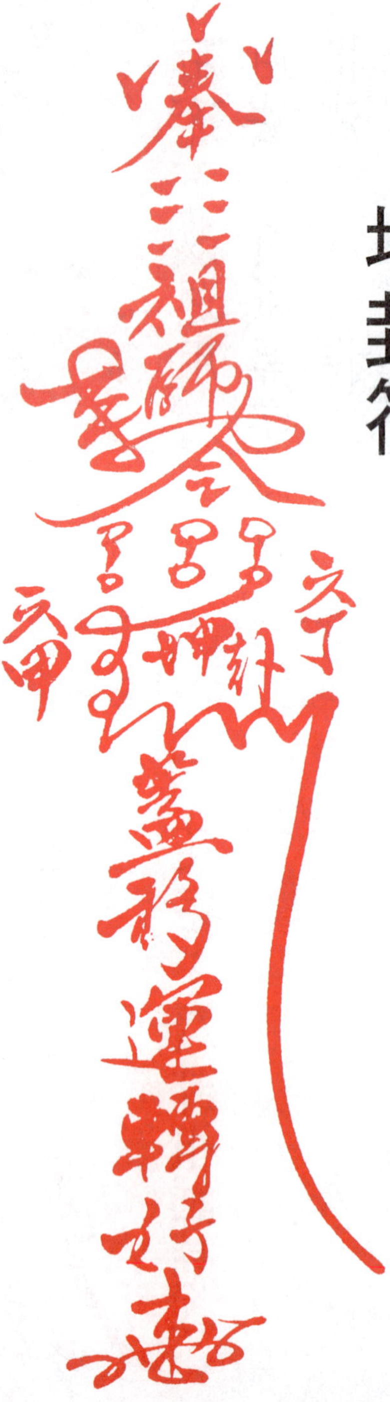

花字：八卦祖師勅令

用途：改運用

用法：黃紙黑字燒化

指法：八卦指

步罡：丁字步

艮卦符

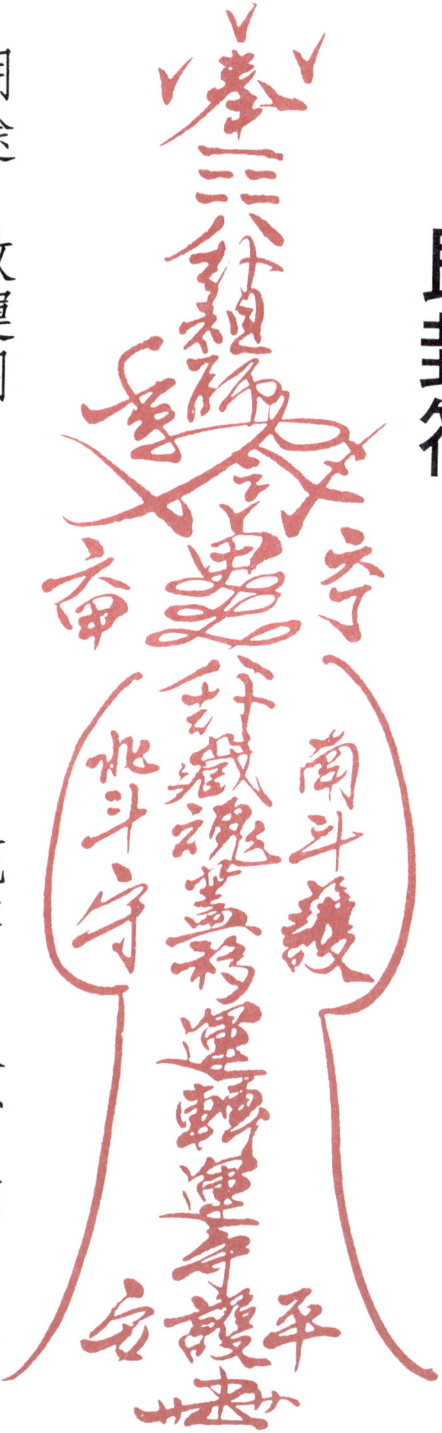

花字：八卦祖師勅令

用途：改運用

用法：黃紙黑字燒化

指法：八卦指

步罡：丁字步

震卦符

用途：改運用

用法：黃紙黑字燒化

指法：八卦指

步罡：丁字步

花字：八卦祖師勅令

巽卦符

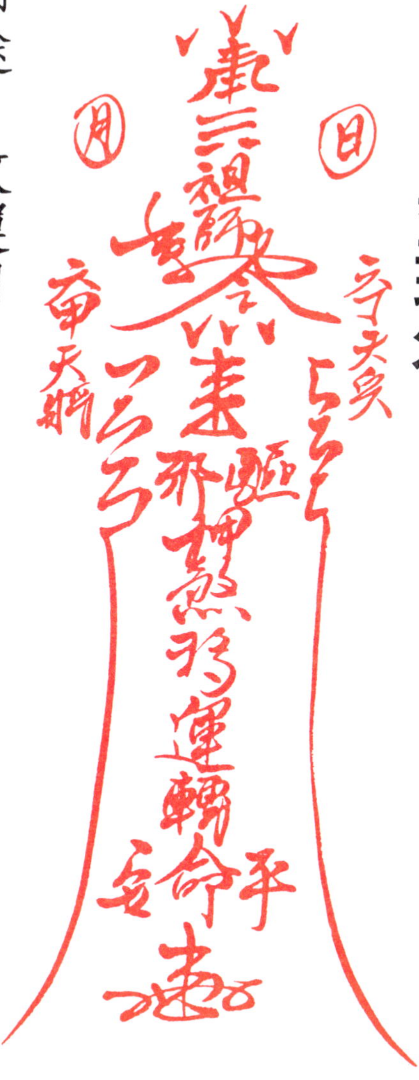

花字：八卦祖師勅令

用途：改運用

用法：黃紙黑字燒化

指法：八卦指

步罡：丁字步

兌卦符

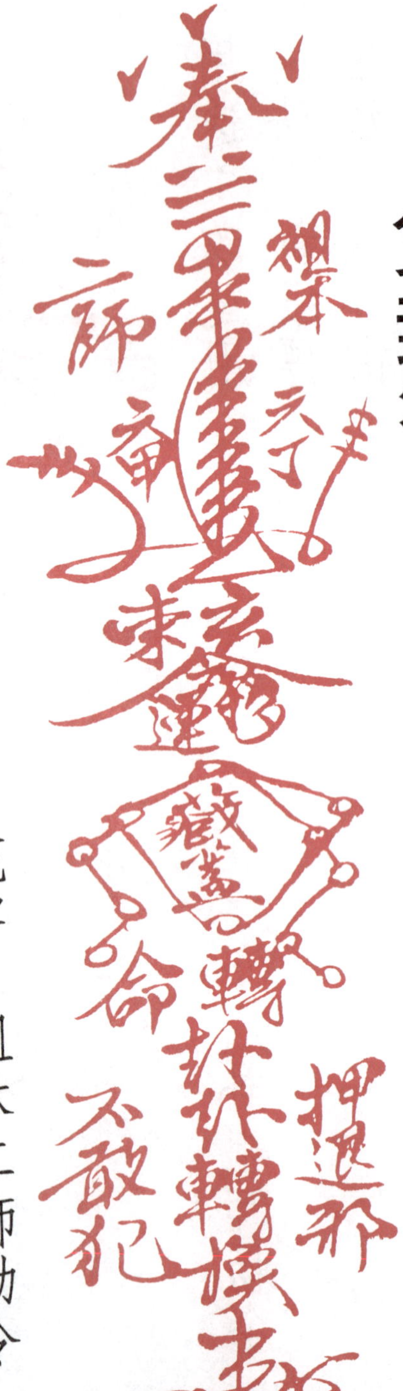

花字：祖本二師勅令

用途：改運用
用法：黃紙黑字燒化
指法：八卦指
步罡：丁字步

離卦符

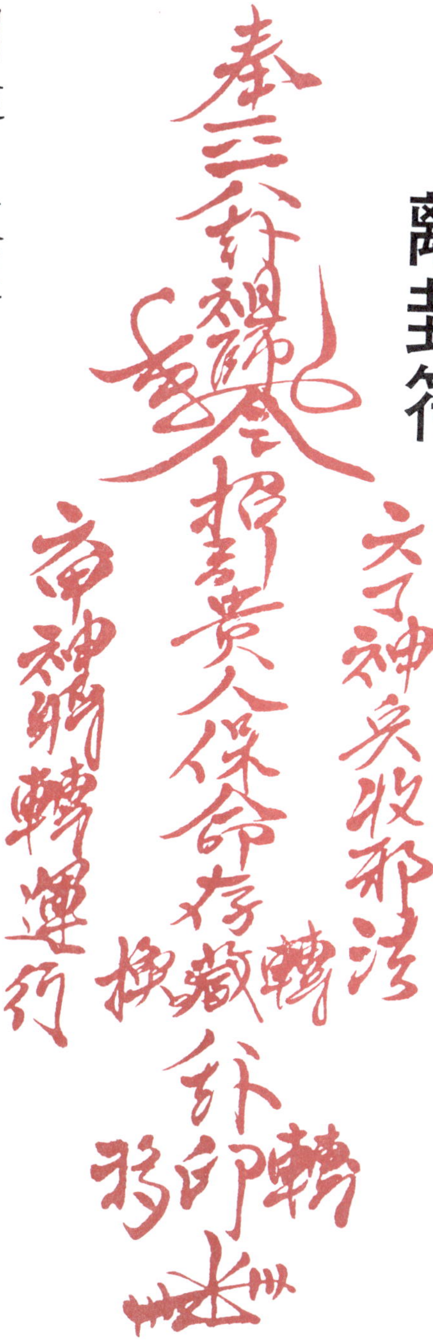

花字：八卦祖師勅令一

用途：改運用

用法：黃紙黑字燒化

指法：八卦指

步罡：丁字步

坎卦符

花字：三奇祖師勅令

用途：改運用

用法：黃紙黑字燒化

指法：八卦指

步罡：丁字步

八卦移運轉命咒

天光光，地光光，八卦祕法大顯靈光，神法通天地，移運轉運，氣日月三光照，六丁神兵收邪法，六甲神將轉運行，左移日月明，右轉天地動，乾元亨利貞，三界奉符令，八卦乾坤收妖精，唸出乾坤咒，打出乾坤符，化做千千萬萬兵將，施法移運轉命永無災，百災解去吉祥來，歹運運過好運來，若有不伏者，定斬不留情，吾奉八卦祖師敕令神兵火急急急如律令

用法：一、擇甲子日書符黃紙黑字書符時先淨身不得不潔之身書符前五日不得有房事否則書符無效反而會有反現象。

二、擇三合或六合旨在六甲壇前施法，施法時面向大利之方

（伏位）開始施法

三、備水果三樣、衣服一件、豬肉一塊、豆干一斤、生雞蛋一個七色花各三朵、香一包、蠟燭一對、四色金各三仟

四、施法時唸咒七遍，三奇咒，開運補運神咒，各七遍後擲杯若無杯再唸咒直到擲到有杯為止把花豬肉豆干請信者帶回到無人看到的地方丟掉，花則帶回化陰陽水和無根水化洗衣服十二天後再洗即可沒有多。

自己開運不求人

撲滿招財守庫法

準備一金屬材質之撲滿，外型宜可愛飽滿為佳，購買後清洗乾淨，置於陽光下曝曬兩小時以上，並於夜晚子時（十一點至一點），再經月光照射，若天候不佳，改以黃色燈光（不可用日光燈）直接照射三十分鐘以上，或用吹風機吹三分鐘以上，感到撲滿略燙即可。

擇吉日置於床下，將頭朝內，放置的位置為人躺平、手臂伸直時之手掌正下方床沿處（若夫妻同床，左右各放一隻，放置位置則為外側手臂伸直時之手掌正下方床沿處，若為個人床，則選擇上下床處之床沿）。

撲滿擺妥後，於每日返家時，將身上之銅板隨意丟入撲滿（一枚與多枚效果均相同，此法貴在每日執行不懈，原則為返家時投幣，事後補投效果不佳，若要追補，應再出門一百公尺後返家時再投）。

若撲滿裝滿無法繼續投入銅板，請再準備一隻撲滿，並按上述清洗方式，清洗完畢後將新備之撲滿置於原撲滿位置，已存滿之撲滿則置於新備撲滿旁邊，再滿亦以相同之方法依序處理。

撲滿存至每年年底（農曆十二月二十三日之後），可將全數銅板取出，全數錢幣之一半金額，作為孝敬父母或行善捐款或購買食品分享他人，另一半可自己使用，原撲滿則以上述清洗方法處理後，待來年正月初一或立春日再行此法，年年依此方法執行，對一生之財富開運、守庫防漏財有特效。

求財聚寶盆法

求財、生財、聚財、存財的寶貴密法。

準備一個儲蓄箱，剪一個紅色圓形紙袋，一面寫自己或夫妻兩人的名字，另一面寫「聚寶盆」三個字，貼在儲蓄箱上，「聚寶盆」三個字露在外面，將儲蓄箱放在床底手的部位。

再選定一種硬幣，每天在外用錢找回的零錢中，這個選定的硬幣都要留起來，回家後放進儲蓄箱裡，觀想外面的財氣都飛進家裡來了。

連做四十九天之後，「聚寶盆」成為一個聚財的「財母」，可一直留在床底。

若家裡的床下無法擺東西，則可放在臥房的財位，即進臥房左邊最前方的位置。

財源廣進法

預先備好紅紙一張，並寫上「財源廣進」四字，並往附近的土地公廟，將事前準備的祭品五果、金紙放置好，其五果為柳橙、橘子、香蕉、鳳梨、蘋果，接著燃香祭拜，在金紙燃燒後，再將預先備好寫有財源廣進的紅紙，順著主爐三圈後馬上放入紅包袋內。回家後，再把這張吉符帶回家貼在珠寶箱、收銀機、保險櫃或存摺裡面，即可增加財運、招財納祥。

求功名法

「望」字與「求」字同意，「竿」音同「甘」，希望能如倒吃甘蔗一般，越吃越甜。中秋月圓之時更是一年中陽氣鼎盛之時，如要祈求考運或交際提升，便要好好把握此良機。先在家中準備一小段竹竿，再用紅線綁上一張紅紙，欲求人氣者可寫上「廣結善緣」，求功名或考運可寫上「旗開得勝」，將竹竿掛在窗前、冷氣口或風扇前即可。

賜圓滿法

中秋月圓時，除了烤肉以外，記得在中庭或頂樓上焚香點燈祭拜月娘，貼上嫦娥奔月圖於家中牆壁上，祭拜供品請選用既甜又圓之物品，取其甜美、圓滿、團圓之意，例如：柚子、龍眼，使下半年度事事可圓滿達成，水果若選擇多子者，則代表多子多孫多福氣。另外，男生可加拜老婆餅；女生可多買一份月餅祭拜月娘，可使美顏常駐、笑顏常開。

服裝搭配也能活絡氣場法

每個人生肖不同，若能搭配自己的生肖、五行，穿著適合的顏色，可以替運勢加分如：

猴雞屬金適合黃、白色系；

虎兔屬木適合黑、綠色系；

豬鼠屬水適合以白、黑來搭配；

蛇馬屬火適合綠

五鬼運財法

五鬼運財法有好幾種，但各說各話，有的以風水的五黃方（就是俗稱的五鬼方），但五鬼方可以請風師父來佈五鬼招財局，或是符咒的五鬼運財法，但不是教人如何養小鬼，此法其則是借生旺氣開門、收山、放水，不過對立向的選擇較嚴。佈五鬼運財局以十二年為限，故無法一輩子。但是在道法符咒上也有如此之力量，只是這通常都用在風水上，沒有用在符咒上，因為風水通常都是為人行善積德，亦非著眼於替人運財。

但是用符咒作五鬼運財的老師，通常都是為了求財，不顧因果循環來幫人家施術。

清木招財法

這個方法非常簡單，只要選擇民曆中的吉日吉時，將一盆水放在家中、公司、店鋪的露台或窗台上。如果沒有窗台或露台的話，放在近窗陽光可以照到的地方亦可。此法重點在放要讓水光經常映入室內，使能達到（因水得財）的效果。另外要注意水的放置方，必須採用東北、東南、西南、西北四個方位。避開他方位的原因，是為避免形成桃花水，以免導致家中女性紅杏出牆或遭人非禮。只要每天換水，不讓水質發臭，就可令財運順遂。

撒鹽招財法

此法據瞭解為世界各民族廣泛採用，事實上古來鹽即被賦有驅邪之功用，故一般商家遇到生意清淡時，都喜歡在店門口撒鹽，傳說可以趕走在商店週遭纏繞的窮鬼，讓客人有機會走進門內。也有一些店家是將一大包鹽長期藏在店門上方隱閉位置，避免窮鬼進入作怪，以保生意興隆。

熟地招財法

首先在民曆中選擇不沖自己生肖的良辰吉日，然後從自己本命卦的(伏位)或(五鬼)方出發。順著這個大方向走，直到找到一生意興旺的中藥行為止。在這間藥材行買一塊熟地，放在口袋裏，途中不要拿出來讓別人看到。回到家裏，把熟地封在紙袋裏妥藏在放錢的上鎖抽屜裏，不要任何人看到。如果是開店的人，封在紙袋後，藏在收銀機的暗處，如此即可招財招利。必須注意的是，熟地要經常檢查，若有變軟跡象即表示此法已逐漸失效，等到熟地變成粉狀表示功效已失，要再依法重新買一塊。

納得土地公財法

所謂納得土地公之財術，我想每個人從小到大，或許不知就是平常生意人，初二、十六，台語說「作牙」，只知道盲目供些禮品、水果共奉，事實上，每座在地土地公並不是您去供奉、祭拜，土地公便能賜您事業順心如意，原由就在這裡，其實人與身俱來便有靈性，這種性是否能和某個方位土地福德正神能櫬相靈性結合，是非常重要，如您生肖與東、西、南、北土地公靈性能契合，這稱之為四方增財法，其分析如下：

屬鼠的人，宜供奉拜東南方福德正神。

屬虎的人，宜供奉拜正南方福德正神。

屬龍的人，宜供奉拜西南方福德正神。

屬馬的人，宜供奉拜西北方福德正神。

屬猴的人，宜供奉拜正北方福德正神。

屬狗的人，宜供奉拜東北方福德正神。

屬牛的人，宜供奉拜東南方福德正神。

屬兔的人，宜供奉拜西南方福德正神。

屬蛇的人，宜供奉拜正西方福德正神。
屬羊的人，宜供奉拜西北方福德正神。
屬雞的人，宜供奉拜東北方福德正神。
屬猪的人，宜供奉拜正東方福德正神。
五路福德正神，人人可拜，且無忌，縱使附近住宅區未有福德正神廟，只要朝自己本身所屬生肖位置，虔誠雙手合掌膜拜。

賜神字秘法

求神求數字到底不實際，因神明未必肯幫助你，這次公開的求數字奇術，萬試萬靈！

現在人喜歡賭六合彩，外國、東南亞也有同等之玩意，也常常聽聞眾多等奇事，如用身份證號碼，車牌號碼，生日號碼，萬中數字等中獎之事常發生，到底靈機之數可行呢？

這裡有一秘傳神奇法門，過往，有很多人用此法門中過六合彩，奈何中獎之事也要有命數注定，前世積德，祖先德福之厚薄，才可決定你中獎之大小，所以筆者認為公開此法門，希望有此福德的善信，有此橫財或今世有福報之人有所幫助，從他們不認識法門的情況下得以有機會認識及享用，繼而中獎，除了幫助這些有運之人，也可透過他們的所得橫財佈施回社會，此乃筆者之一樂也！

中華民國傳統道法五術推廣協會會員入會申請書

申請日期：　年　月　日

敬啟者：本人志願加入貴會為會員，
並願意遵守會中一切規定服務社會，茲填就下列各項，敬請審核，並同意入會為何。

此致

中華民國傳統道法五術推廣協會　入會人：　印　會員證NO.

姓名		性別	
住址			
出生	民國　年　月　日	學歷	
經歷			
身分證			
電話			
籍貫			
道教法師資料	從學派門	閣山派	
		天師派	
		茅山派	
		其他派別	
	所屬公堂		
	擔任職		
	授業師姓名		
現職			
研考			

今茲

申請加入　貴會為個人為會，矢願導遵守　貴會一切規章，懇請准予入會為何

謹致　申請人簽名：

介紹人簽名：

中華民國傳統道法五術推廣協會

二吋照片	
證書號碼	
審查結果	
發給日期	民國　年　月　日
備註	

注意事項

一、入會員申請書為永久保存資料，請用原子筆或鋼筆填寫，切勿潦草。
二、介紹人一人，必須為本會會員，並請簽名蓋章。
三、入會時請交最近脫帽半身照片二吋二張，身份證影印本一份。
四、入會時一次繳納入會費五佰元，常年會費一仟二佰元，合計一仟七佰元整。
五、個人資料應以身份證所載為憑，填寫數字，請用阿拉伯字母。
六、專長係指個人專業技術，如道法、符咒、法術、乩士、卜筮、卦理、命相、四柱、紫微斗數、命名、手面相、陰陽地理等。
七、個人在學術上面如有著作，請在備註欄填寫。
八、立案字號：台內社字第八六七七八〇五號
九、會址：新北市中和區民治街六巷一七號
電話：(〇二)二二二五-一六四〇

國家圖書館出版品預行編目(CIP)資料

萬教符咒開運秘笈 / 真德大師,永靖大師合著. -- 初版. -- 臺北市 : 育林, 1998[民87]
面 ;　公分
ISBN 978-957-8774-46-9(平裝)

1.CST: 符咒

295　　87013768

萬教符咒開運秘笈

著 作 者：真德大師,永靖大師合著
發 行 人：李炳堯
出 版 者：育林出版社
地　　址：台北市士林區大西路18號
電　　話：(02)28820921
傳　　真：(02)28820744
E-mail：service@yulinpress.com.tw
網路書店：www.yulinpress.com.tw
郵政劃撥帳號：16022749陳雪芬帳戶
登 記 証：局版台業字第5690號
總 經 銷：紅螞蟻圖書有限公司
地　　址：台北市114內湖區舊宗路2段121巷19號
電　　話：02-27953656　傳真：02-27954100
E-mail：red0511@ms51.hinet.net
定　　價：600 元
出版日期：再版2025年5月

歡迎至門市選購
地址：台北市士林區大西路18號1樓
電話：(02)28820921傳真：(02)28820744
本書如有缺頁、破損、倒裝請寄回更換